행운
사용법

행운 사용법

김민기 · 조우석 지음

하버드 MPA와 듀크 MBA의
행 운 실 험 보 고 서

문학동네

두 친구 이야기

오랜만에 친구들과 모인 자리, 예전 일들을 추억하며 한참 떠들고 나면 마지막에 항상 나오는 이야기가 있다.

"힘들어서 못살겠다."

"왜 난 이렇게 되는 일이 없는 걸까?"

물론 나도 그렇게 이야기하는 사람 중 하나였다. 하지만 힘들고 어려워도 주어진 삶에 최선을 다하면 언젠가 행복해질 거라고 굳게 믿었다. 중고등학생 때는 좋은 대학만 가면 모든 것이 다 이루어질 거라고 믿었기에 열심히 공부했다. 대학생 때는 좋은 회사만 가면 걱정 없이 살 수 있을 거라고 믿었기에 취업 준비에 열중했다. 하지만 언젠가부터 '이렇게 살면 정말 행복해질 수 있을까?'라는 의구심이 들었다.

사람들 대부분은 자신이 바라는 것을 100퍼센트 모두 이루지 못한다. 설령 원하는 것을 하나둘 이루었다 해도 행복하지 않은 경우도 많다.

‘열심히 살면 정말 성공할 수 있는 걸까? 돈을 많이 벌고 사회적으로 성공하면 진정 행복해질 수 있을까?’ 어느 순간부터 이 질문은 내 머릿속을 떠나지 않았다.

이 질문에 답을 얻기 위해, 우석이와 나는 성공한 사람들, 스스로 행복하다고 이야기하는 사람들의 이야기를 모으기 시작했다. 워런 버핏, 빌 게이츠, 사이토 히토리, 유일한 박사 같은 각계각층의 유명 인사들에 관한 이야기를 읽었다. 정말 놀라운 점은 동서고금을 막론하고 이들 모두가 같은 이야기를 한다는 것이었다. 나는 무언가 실마리를 잡은 느낌이었다.

모두를 행복하게 해줄 수 있는 지혜를 찾고 이해하기 위해 우석이와 나는 오랜 시간 많은 이야기를 나누었다. 책을 통해 여러 위인들의 생각을 접하고, 많은 사람들을 만나 생각을 나누고, 그 교훈을 삶에 적용하면서 행운을 부르는 원리를 하나하나 찾아나갔다.

그렇다고 우리가 이 세상을 움직이는 모든 원리를 알아낼 수 있었던 것은 아니다. 하지만 분명한 것은 우리가 찾아낸 원리를 삶에 하나둘 적용해나가면서 우리의 삶이 바뀌었다는 사실이다. 논리적으로 설명할 수 없는 행운이 우리를 찾아왔다. 나와 가장 가까운 아내도 그것을 보고 놀라워하며 함께 기뻐해주었다. 이런 변화들을 지켜본 부모님, 친구들 그리고 주변 사람들도 신기해했다. "넌 원래 운 좋은 놈이잖아"라면서 단순하게 치부하는 사람들도 있었다.

물론 나도 생각했던 것처럼 일이 잘 안 풀릴 때가 많다. 그럴 때면 스트레스도 받고 미래에 대한 걱정도 한다. 하지만 작은 어려움들에도 불구하고, 큰일은 언제나 잘 풀려나갔다. 결국엔 잘 될 것이라는 믿음이 있었기 때문이다.

지금 누군가 내게 행복하냐고 묻는다면 자신 있게 "행복합니다!"라고 말할 수 있다. "너는 운이 좋은 사람이냐?"라고 묻는다면, 자신 있게 "예, 저는 운이 좋은 사람입니다. 그리고 저는 점점 더 운이 좋아질 거라 믿습니다"라고 기쁘게 이야기할 수 있다.

나는 아직 인생의 경험이 많지도 않고 사람들이 모두 부러워할 만한 큰 성공을 거둔 것도 아니다. 그리고 내가 지금까지 깨친 행운의 원리들을 온몸으로 모두 체화하지도 못했다. 또한 모든 사람이 내가 경험한 지혜를 통해 운 좋은 사람들이 될 것이라고 생각하지도 않는다. 하지만 어딘가에서 내가 했던 고민과 똑같은 고민을 하며 하루하루 힘겹게 살아가는 누군가에게 이 책이 행복한 인생을 살아갈 수 있는 작은 계기가 되어준다면, 그리하여 그 누군가가 행복한 미소를 지으며 자신의 행복을 다른 사람들에게 나눠주는 모습을 상상하면 그것만으로도 감사하고 행복하다. 이 책을 통해 세상에 조금 더 행복한 사람이 많아지고, 누구나 행운을 부르는 법칙들을 적용해서 삶을 더 풍요롭게 만들 수 있기를 간절히 바란다.

김민기

입시지옥, 취업전쟁, 안정된 직장, 성공과 출세, 편안하고 안락한 삶을 위한 경쟁, 경쟁, 경쟁…… 한국 사회의 치열한 경쟁 속에서 살아오면서 섬세한 감수성을 지닌 나는 참 많이도 버거워했다. 인생에는 잘 먹고 잘사는 것 이상의 더 중요한 것이 있을 것 같은데, 단지 남들이 하니까, '엄마 친구의 아들딸'들이 하니까 나도 그 길을 따라갔다. 좋은 대학만 가면 인생의 답을 찾을 수 있을 거라는 주위 어른들의 말을 믿고, 힘겨운 학창 시절과 재수 생활을 거쳐 소위 말하는 명문대학에 입학했다. 하지만 그곳에서도 진정한 마음의 안식과 행복은 찾을 수 없었다. 그리고 그 허무함을 달랠 길이 없어 참으로 오래 헤맸다.

수많은 책들, 리더십과 성공학 관련 프로그램들, 상담 프로그램, 영성 수련, 학습 조직 운영 등…… 어느 날 책장에 꽂힌 책들을 보니 3천 권이 넘었다. 책이라면 만화든 소설이든 가리지 않고 읽던 내가 어릴 때부터 읽었던 책들을 모두 세어보면 만 권을 헤아린다. 유명인들의 강연 테이프만도 수백 개에 달했다. 그렇게 많이 읽고 듣고 경험하고 헤맸건만 나의 공허함은 채워지지 않았다. 결국 세계 최고의 리더십 학교라는 하버드 케네디스쿨에서 공부하면서 뒤늦게 깨닫게 된 것은 '좋은 대학에 가면 성공하고 출세하고 행복할 것'이라는 대한민국 성공 공식의 허무함이었다. 남들이 최고로 여기는 하버드조차 내가 찾던 진정한 내적 행복을 보장해주지는 못했던 것이다. 뉴욕타임스 최장기 베스트셀러 중 하나인 『아직도 가야 할 길』의 저자이자 정신의학자인 M. 스콧 펙 박사는 "수백만 사람들이 필사적으로 그리고 쓸데없이, 비현실적인 거짓말에 자신의 실제 삶을 일치시키기 위해 엄청난 힘과 자신의 인생을 낭비합니다"라고 말했다. 결국 나는 '사람들이 이상한 믿음들에 세뇌되어 평생 살아간다'는 이 사실을 뒤늦게, 하지만 뼈저리게 깨닫게 되었다.

우리는 흔히 성공은 천부적 재능과 피땀 어린 노력의 결실이라고 믿는다. 성공하고 행복해지려면 많은 고통과 어려움을 참고 견뎌야만 한다는 거짓 성공신화들이 넘쳐난다. 하지만 세상을 잘 들여다보자. 뛰어난 재능이 있어도 성공하지 못하는 경우가 있고, 최선의 노력을 쏟아부어도 결과가 실망스러운 경우도 많으며, 고생만 하고 아무 대가도 얻지 못하는 경우도 허다하다. 성공과 행복에 대한 이런 오해와 편견은 개개인이 가진 잠재적 가능성을 최대한 활용해 행복하고 풍요로운 삶을 살아가는 데 오히려 방해가 된다.

성공에 이르는 조건이 천부적인 재능도 아니요, 끊임없는 노력도 아니요, 괴롭고 힘든 과정을 거쳐야 하는 것도 아니라면 도대체 어떤 것일까?

나는 친구 민기와 함께 '행복과 성공은 어디에서 오는가?'라는 질문에 대한 답을 찾기 위해 꾸준히 노력해왔다. 그 과정을 통해 무의식에 대해 20년이 넘는 독서를 통해 깨달은 원리들과 실천사항들 중 실용적인 내용들을 모아 이 책에 정리했다. 우리의 행운 이론은 연구실 안에서만 완성된 상아탑 이론이 아니다. 우리는 삶이라는 현실을 실험대상으로 삼아 우리의 이론들을 실제 삶에서 실험하고 적용하고 다듬어왔다. 경영학을 전공한 우리에겐 무엇보다도 실제 삶에 적용할 수 있는 실용성이 중요했기 때문이다.

그러나 한 가지 먼저 고백할 것이 있다. 그동안 우리가 계획한 일들이 모두 성공한 것은 아니라는 사실이다. 우리는 실패도 많이 했다. 완벽한 사람들이 아니기 때문이다. 하지만 우리의 강점이라면 결코 실패에 머물러 있지 않았다는 것이다. 우리는 모든 것을 '행운 실험'이라고 생각하며 한 걸음 한 걸음 나아갔다. 여러 번 시행착오를 겪으면서 한 단계 한 단계 행운 실험보고서를 작성해갔다. 아마 우리의 실패담을 책으로 엮으면 수십 권의 시리즈가 될 것이다. 그 시리즈의 제목은 '불운아들의 7만 가지 습관!'쯤 되지 않을까.

여러분은 아마 '경험에서 배우는 것은 지혜로운 일이다'라는 말을 들어보았을 것이다. 그러나 다른 사람의 경험을 통해 배우는 것은 더욱 지혜로운 일이다. 그것은 시간과 비용을 아껴줄 뿐만 아니라 본인이 직접 겪어야 할 고통을 줄일 수 있기 때문이다. 직접 체험을 통해 모든 것을 배우기에는 우리에게 주어진 시간이 너무 짧다. 따라서 다른 사람이 어렵게 배운 교훈에 귀기울이고 이를 지혜롭게 활용할 수 있다면 많은 시간과 에너지를 절약할 수 있을 것이다. 또 인생의 지혜와 교훈을 꼭 쓰라린 경험을 통해서 배우라는 법도 없다. 지혜의 핵심만 이해할 수 있으면 된다. 바로 이것이 우리 책의 목적이다. 우리가 시행착오를 통해 배우고 깨친 행운의 지혜들이 여러분의 삶에 찾아오는 아픔과 시행착오를 줄이는 데 조금이나마 도움이 될 수 있다면 우리는 그것만으로도 감사하고 행복할 것이다.

마지막으로 꼭 부탁하고 싶은 것이 하나 있다. 이 책을 읽을 때, 눈에 쌍심지를 켜고, 성공하기 위한 필살의 각오를 다지는 심정으로 읽지 않았으면 좋겠다. 좋은 내용은 반드시 밑줄 긋고 암기해야 할 것만 같은 압박감 없이, 그냥 마음 편하게 화장실에서 자주 읽게 되는 책, 억지로 읽기보다는 슬슬 읽어보는 책, 하지만 읽다보면 어느새 "아하!" 하고 작은 깨달음을 얻을 수 있는 책,

그래서 소박하게 피어오르는 행복감을 느낄 수 있는 책이었으면
좋겠다.

행운의 비결은 거창한 데 있지 않다. 작은 지혜들을 마음 깊이
깨닫고, 그것을 꾸준히 삶에 적용하는 능력, 그것에 달려 있다!

여러분에게 행운이 함께하기를! Good Luck!

조우석

행운 실험보고서를 펼치다

갑작스러운 사고

"끼이익! 쾅!"

"아버지, 어머니! 괜찮으세요? 여보!"

나는 그날, 지금까지 살아오면서 가장 큰 불행을 만났다. 신호를 받고 유턴을 하려는데 반대편에서 차가 갑자기 나타났다. 그런데 이상하게도 운전자의 얼굴이 보이지 않았다. 너무 당황해서 다른 생각을 할 겨를도 없이 더 빨리 유턴을 해야겠다는 생각만 들었다. 순간 운전자의 얼굴이 나타났고 그 사람과 눈이 마주쳤을 때는 이미 커다란 굉음과 함께 내 몸이 위로 떠오르는 것을 느꼈다. 모든 것이 영화 필름 지나가듯 또렷이 내 눈에 들어왔다. 나는 함께 차에 타고 있던 가족에게 고개를 돌렸다.

'아, 다행히 모두들 크게 다치지 않았구나.'

그런 생각이 들자 온몸의 힘이 쭉 빠지고 왼쪽 다리에 강한 경련이 일어났다. 허리 아래부터 왼쪽 다리까지 심하게 저려왔고, 다리는 내 의지와 상관없이 발작적으로 움직였다.

병원에 와서야 상황을 알게 되었다. 운전자가 운전중 떨어뜨린 핸드폰을 주우려고 잠깐 옆좌석 쪽으로 고개를 숙였다가 정지신호를 보지 못하고 내 차를 들이받은 것이었다.

'대체 나한테 무슨 일이 일어난 거지?'

허리가 너무 아팠다. 눈을 감고 아픔을 억누르려 했지만, 눈시울이 붉어졌다. 눈물을 흘리지 않으려고 애를 썼지만, 아픔과 억울함에 눈물은 계속 흘러나왔다.

'아, 내게 왜 이런 일이 생겼을까? 내가 무얼 잘못한 걸까? 하필이면 내게……'

사고가 난 뒤부터 화장실에 가기 위해 걸어가는 2미터 거리가 나에게는 10미터처럼 느껴졌다. 움직이지 않는 왼쪽 다리를 이끌고, 허리의 고통을 참고 한 걸음 한 걸음 힘들게 움직이며 온몸을 온통 땀으로 적시고 있는 내 모습에 화가 나고 억울했다.

이런 몸으로는 회사도 나갈 수 없었다. 회사에는 인터넷으로 일하면 된다고 말했지만, 다리가 마비될 수도 있다는 이야기를 들고 나니 일할 마음이 생기지 않았다. 세상 모든 것이 밉고 분하고 억울했다. 나에게 예상치 못한 불행을 안겨준 세상에 복수라도 할 심사로 하루하루 절망 속에서 눈물과 원망으로 지내고 있었다.

아무런 의욕 없이 침대에 누운 채 그렇게 몇 주가 흘렀을까, 묵묵히 병수발을 하던 아내가 나에게 다가와 경련을 일으키는 다리를 주무르며 얘기했다.

"아직도 다리가 많이 차구나…… 여보, 많이 힘들겠지만 힘내. 우리는 꼭 극복할 수 있어. 알았지? 매일매일 조금씩 걷는 연습도 하고, 식사 조절로 체중도 조금씩 줄이면 괜찮아질 거야. 우리 남편 파이팅!"

나도 모르게 눈물이 흘렀다. 고맙기도 하고 참 많이 미안하기도 했다. 참 예쁜 내 아내. 얼마 전까지만 해도 돈 많이 벌어서 호강시켜준다는 내 호언장담에 환하게 웃던 아내였는데…… 매일 야근하고 새벽에 들어와도 묵묵히 기다려주던 그 아내가 이제는 무력하게 누워 있는 내 병수발을 하고 있다니…… 세상 모든 것이 더욱 원망스러웠다.

"하느님, 왜 제게 이런 시련을 주시나요? 제가 그렇게 잘못한 것이 많았나요?"

내 뼈저린 외침에 하느님은 아무 대답도 하지 않으셨다. 그때는 정말 세상에 나 혼자 버려진 것 같았다. 하지만 이 고통의 순간은 그동안 성공만을 위해 쉴새없이 질주했던 내 삶을 다시 한 번 돌아볼 수 있는 소중한 기회가 되었다.

남이 바라는 인생을 살던 나

우리나라의 많은 청소년, 대학생, 사회 초년생 들은 선생님, 부모님, 그리고 친구들이 좋다는 곳만을 바라보고 그 길로 가면 분명 성공한 인생을 살 것이고 행복해질 거라 믿으며 열심히 살아가고 있다. 하지만 어찌된 일인지 행복하게 사는 사람들보다는 불안과 불평 속에서 불행하게 살아가는 사람들이 더 많은 것 같다.

나 역시 그렇게 주변 사람들의 기대에 걸맞은 인생을 살려고 노력하며 살아가는 사람이었다. 많은 청소년들이 가고 싶어하는 명문대학을 졸업하고, 많은 사람들이 부러워하는 최고의 대기업에서 일하고, 재무 전문가로서 여러 사람들에게 인정을 받으며 나름대로 자부심도 느끼며 살았지만, 시간이 지날수록 마음 한구석을 차지한 허무함과 무언지 모를 가슴속의 두려움과 답답함이 점점 늘어만 갔다.

잦은 야근과 주말 근무 때문에 친구들은 물론 가족과 함께할 시간조차 내기 힘들었다. 주말도 없이 매일 계속되는 야근에 건강까지 악화되었다. 하지만 전혀 행복하지 않음에도 현실을 쉽게 바꿀 수 없다는 사실에 나는 더욱 슬펐다.

'언제나 선생님들이 하라는 대로 했고, 부모님이 바라는 대로 살아가고 있는데, 나는 왜 행복하지 않은 걸까? 무엇이 잘못된 것일까? 내가 운이 없는 것일까? 나에게는 왜 행운이 오지 않을까?'

주변 사람들은 나를 부러워했지만 나 역시 다른 사람들처럼 막연한 대박의 행운을 꿈꾸는 평범한 직장인이었다. 많은 연봉과 혜택을 제공하는 곳으로 직장을 옮기는 꿈, 투자한 주식이 대박이 나거나 무심코 산 복권이 일등에 당첨되는 그런 꿈을 꾸었다. 하지만 바쁜 삶에 지쳐 대박의 꿈조차도 잊고 지내던 나에게 지금의 행복을 만날 수 있게 된 전환점이 다가왔다.

사랑하는 이의 눈물

평상시처럼 야근을 하고 새벽 2시에 피곤한 몸을 이끌고 집에 돌아온 어느 날, 기다리다 지쳐 잠든 아내를 바라보며 왠지 모를 미안한 마음이 밀려왔다.

너무 피곤해서 아내와 한마디 말도 못하고 얼른 씻고 잠자리에 들었다. 잠이 막 들었을 때쯤 무슨 소리가 나는 것을 느꼈다. 눈을 게슴츠레 뜨고 주위를 둘러보니 아내가 얼굴을 돌리고 숨죽여 울고 있었다.

“무슨 일이야?”

나는 놀라서 물었다. 괜찮다며 빨리 자라는 아내를 보며 나도 괜스레 슬퍼졌다. 일하느라 챙겨주지도 못하고, 요즘 아내에게 무슨 일이 있었는지 생각도 나지 않을 만큼 제대로 대화를 나누지 못했던 것이 미안했다.

“무슨 일 있었어? 얘기 좀 해봐!”

계속 다그치자, 아내는 눈물을 닦고 이야기를 시작했다.

“절대 나보다 먼저 떠나면 안 돼. 알았지?”

내 어깨에 기대어 계속 눈물을 흘리는 아내를 바라보며 미안함과 안타까움에 나도 눈물이 흘렀다. 며칠 전 회사에서 건강진단 결과가 나왔고 재검을 받으라는 이야기를 들었다. 혈뇨에 단백뇨까지 있어 사구체신염과 신장 질환이 의심되고, 술도 마시지 않는데 간 수치가 너무 높다고 했다. 의사 선생님 이야기로는 스트레스가 너무 과도해서 이렇게 간이 악화되었고, 신장 계통 또한 기능을 잃을 수 있다고 했다. 이렇게 지속되면 건강이 급격히 악화되어 길거리에서 쓰러질 수도 있다며 정말 심각하게 생각해야 한다고.

당시 나는 동시에 최소 3~4개의 프로젝트를 담당하고 있었다. 어린 나이에 맡은 과장이라는 직책으로 인해 회사 사람들과 관계를 풀어나가는 것도 어려웠고, 무엇보다 프로젝트를 성공적으로 마무리해야 한다는 책임감으로 매일 머리 한쪽이 깨지는 것 같은 두통을 달고 살았다. 눈 주위가 찢어질 듯 아파서 몇 달 동안 한쪽으로는 머리를 대고 잠을 잘 수도 없을 정도였다. 남들보다 3년이나 빠르게 과장이 됐다고 기뻐했을 때는 언제고 이 정도 고통도 감당하지 못하는 나 자신이 부끄러워 아무에게도 이런 아픔을 이야기하지 못했다. 그래도 이런 아픔들을 극복하면 언젠가는 내가 꿈꾸는 대박이 이루어지는 날이 꼭 올 거라고 믿으며 고통을 참아왔다.

하지만 아내의 눈물을 보는 순간, 내 건강을 걱정하는 아내와 부모님, 장인 장모님, 그리고 내 주변 친구들의 모습이 떠올랐다. 나로 인해 많은 이들이 걱정을 하며 그 걱정으로 인해 불행해한다는 사실, 모든 사람들이 나로 인해 행복하지 않고, 나 또한 스스로 행복하다고 말할 수 없는 현실이 끔찍하게 싫었다.

'나는 이렇게 살아야 하는 운명인가? 결국 나는 이렇게 살다가 다른 사람들까지 불행하게 만들고 이렇게 일만 하다가 허무하게 삶을 마감해야 하는가?'

행운 코칭이 시작되다!

이런 고민으로 좌절하여 침체되어 있을 때, 친한 대학 동기 우석이와 오랜만에 통화를 하게 되었다. 내 고민을 들은 우석이는 나에게 도움이 될 것 같다며 자신이 그동안 모아온 진정으로 행복하다고 말하는 유명인에 관한 책들을 소개해주었다.

나는 우석이에게 소개받은 책들을 읽으며 동서고금을 막론하고 세상을 움직이는 법칙이 존재한다는 확신을 가질 수 있었다. 시대와 장소를 초월하여 여러 사람들이 공통적으로 말하는 변하지 않는 지혜들을 하나하나 찾아가며 무엇인가 대단한 발견을 한 듯한 마음에 뿌듯하기까지 했다. 나는 이 기쁨을 친구와 함께 나누고 싶어 우석이에게 전화를 걸었다. 우석이는 자신도 같은 생각을 갖고 있다며, 오랫동안 '행운은 과학이다'라는 주제로 여러 자료들을 모아놓은 자신의 홈페이지를 소개해주었다. 그리고 책과 홈페이지에 소개된 행운의 지혜들을 주제로 정기적으로 여러 이야기들을 함께 나누어가기 시작했다. 요즘 식으로 말하자면 '행운 코칭' 수업이 시작된 것이었다.

다양한 자료를 접하며 점점 우리는 행운과 관련된 어떤 공통된 원리가 있다는 것을 확신할 수 있었다. 하지만 아직은 한 번도 그 원리를 따르며 인생을 살아본 적이 없었기 때문에 의심이 생기기 시작했다. '그냥 책에서나 얘기하는, 현실에서는 쓸모없는 이론적인 이야기가 아닐까?' 우리는 그 원리들을 실험해보기로 했다. 직접 체험한다면 그때는 자신 있게 믿을 수 있을 테니까.

처음에는 우석이의 행운 코칭에 따라 원하는 것을 구체적으로 상상하기 위해 많은 시간을 보냈다. 특히 '내가 진정 원하는 직업이 무엇일까' 고민하며 세월을 보냈다. 주위에서 내게 바라는 인생만을 추구했던 나에게 스스로 좋아하는 것을 찾는 것이 쉽지만은 않았다. 6개월간 작은 노트를 들고 다니며 생각이 날 때마다 좋아하는 것들, 싫어하는 것들을 적어내려갔다. 내가 누구인지 찾기 위해 또, 내가 무엇을 좋아하는지 알기 위해 각종 심리 테스트 및 적성 테스트도 했다. 시간이 지나면서 내 노트의 글들은 계속 쌓여갔고, 그 글들을 분석하고 우석이와 대화하며 내가 누구인지 내가 어떤 특성의 일을 좋아하는지 알게 되었다.

오랫동안 쌓인 글들은 내가 원하는 꿈의 모습을 상상하는 데 많은 도움이 되었다. 나는 지하철을 탈 때마다, 버스를 탈 때마다, 그리고 매일 밤 잠들기 전에 잠시 눈을 감고 미래의 행복한 모습을 떠올렸다. 아침에 내가 설립한 회사에 출근해서 직원들에게 밝게 인사하는 모습, 고객들의 감사편지가 책상에 놓여 있고, 아침마다 그 감사편지를 보며 뿌듯하게 웃는 내 모습을 날마다 상상하며 그 기쁨에 웃음도 늘어갔다.

그러던 어느 날, 신기하게도 정말 행운이 다가왔다. 우석이의 소개를 통해 내가 하고 싶던 분야의 일을 할 수 있는 기회가 갑자기 찾아온 것이다.

그것은 세계 5대 비영리단체 중 하나이며 백 년이 넘는 역사를 가진 미국 최대 사회적기업 굿윌 인더스트리스 Goodwill Industries 의 한국 본부 설립을 돕는 일이었다. 물론 그때는 이 기회가 내 인생을 바꾼 행운이라는 것도 인지하지 못했다. 잘은 모르겠지만, 좋은 일 같았고, 멋져 보였다. 또 한 번도 해보지 않은 일에 대한 호기심에 한번 경험해보고 싶었다.

하지만 당시 우리나라의 비영리 분야에서 일한다는 것은 현실적으로 많은 장벽에 부딪혀야 함을 의미했다. 많은 사람이 비영리 분야에서 일하는 것을 '직업'으로 보기보다는 '봉사와 희생'으로 여기는데다, 실제로 이 분야에 종사하는 대부분의 사람들은 턱없이 낮은 연봉을 받아 생활이 현실적으로 불가능할 정도였다. 비영리 분야에서 일하는 분들의 열정은 누구보다 크고 뜨거웠다. 하지만 그들도 재정적 문제로 어려움을 겪어야 하는 평범한 생활인이기도 했다. 집세, 식비, 자녀 교육비.

하지만 굿윌 미국 본사 사람들을 통해 알게 된 미국의 비영리 분야는 한국의 실정과는 사정이 많이 달랐다. 물론 돈을 아주 많이 벌 수는 없지만, 어느 정도 생활이 가능한 보상이 있는 것은 물론이고, 당당한 직업으로 인정받고 능력에 따라 연봉도 주어지는 시스템을 가진 비영리 회사들이 많았다.

특히, 굿윌의 경우에도 "이익이 없으면 미션도 없다!(No Margin, No Mission!)"는 슬로건 아래 돈이 없으면 결국 지속적인 비영리 활동에 대한 지원도 불가능하다는 것을 직원들에게 인지시키며 직원들에게도 동일하게 "No Margin, No Mission!"을 강조했다. 그에 따라 영리 분야의 회사만큼 합당한 보상을 보장해주며, 본인이 행복해야 다른 사람들도 행복하게 해줄 수 있다는 사회적기업의 철학을 실천하고 있었다.

경영학도 출신으로 계속 재무 분야에서 일했던 나는 '아, 우리나라도 비영리 분야가 발전하려면 이런 경영 시스템이 필요하겠구나!'라는 생각을 갖게 되었다. 미국 비영리 분야에 대한 많은 조사를 통해 사회적기업 등 같은 창의적이며 혁신적인 다양한 개념들을 접하며 내가 배운 경영 지식과 경험을 다른 사람들의 행복을 위해 쓸 수 있을지 모른다는 생각에 무척이나 뿌듯했다. 드디어 인생을 바쳐 이루고 싶은 꿈을 찾은 것이다. 그후 나는 몇 개월 동안 고민한 끝에, 미국으로 유학을 떠나 MBA 학위를 받은 후 실무를 경험하며 미국의 비영리 분야를 배우겠다는 계획을 세웠다.

그리고 예상치 못한 사고

내 꿈을 찾았다는 기쁨도 잠시, 주위의 회의적인 반응과 반대는 내가 계획한 길을 걸어가는 데 많은 갈등을 불러일으켰다.

"돈을 다루는 재무 분야에서 일하던 네가 돈 버는 일을 포기하고 다른 사람들의 행복을 다루는 비영리 분야에서 일한다고? 네가 했던 일이랑 너무 안 어울려. 너, 돈 없이 살 수 있겠어?"

많은 이들이 내 행보에 부정적 반응을 보였고, 몇몇 회사 선후배, 친척, 친구 들은 적극적으로 만류하기도 했다. 모두들 과거에 이런 시도를 했던 사람을 보지도 못했고, MBA를 다녀온 선배들조차도 국제기구를 제외한 비영리 분야에서 실제로 외국인을 뽑는 경우는 들어보지 못했다고 했다.

나는 새로운 꿈을 찾았다는 사실, 그리고 나름 현실적으로 그 꿈에 다다를 수 있는 방법을 찾았다는 사실에 매우 즐거웠지만, 다른 사람들이 가지 않는 길을 가야 한다는 것이 솔직히 많이 걱정도 되고, 지인들의 적극적인 만류 때문에 갈등도 많았다. 지금처럼 행운 법칙에 대한 믿음이 있었다면 흔들리지 않았을 텐데 그때는 그렇지 못했고, 그로 인해 내 마음은 '긍정과 부정의 혼돈' 그 자체였던 것 같다.

그렇게 갈등하고 있을 때 글 서두에서 언급했던 갑작스러운 사고를 당했다.

가족과 함께 차를 타고 가다 당한 교통사고. 다행히도 부모님은 작은 타박상 외에 큰 상처는 없었다. 아내는 목 디스크 통증을 호소했지만, 나는 멍이 몇 곳 보일 뿐 큰 외상은 없었다. 하지만 놀란 가슴을 달래고 보니 이 사고가 나에게 예상치 못한 두려움을 가져다주었음을 알게 되었다. 가만히 누워 있어도 왼쪽 다리에서 심한 저림과 통증이 밀려오고, 화장실을 가려고 조금만 움직여도 온몸이 땀으로 흥건하게 젖고, 식사하기 위해 5분만 앉아 있어도 허리가 끊어질 것 같은 고통이 느껴졌다.

'지금 나에게 어떤 일이 일어난 것인가.'

나는 허리 디스크 두 개가 파열되었다는 진단을 받았다. 무거운 체중 때문에 수술을 한다 해도 재발할 가능성이 높아 수술이 어렵다는 얘기도 들었다. 지금 치료가 잘 안 되거나 추가로 다른 디스크가 터지면 하반신 마비도 올 수 있다는 무서운 진단.

갑작스러운 교통사고로 인해 몇 달간 제대로 걷지도 못하고 누워 있어야 한다는 사실이 너무 두렵기도 하고, 또 이런 현실이 굉장히 서러웠다.

'왜 나한테 이런 일이 생겼을까, 내가 뭘 잘못한 것일까.'

정신적 충격으로 새로 시작한 굿월 일도 거의 손에서 놓은 채 지냈다. 물론 내 MBA 유학 계획도 완전히 물거품이 되는 것 같았다. 다시 걸을 수 없을지 모른다는 공포와 지금까지 이루어놓은 것이 물거품이 될 것이라는 두려움에 떨고 있던 나로서는 감히 MBA를 준비하는 것을 상상조차 할 수 없었다.

시련 가운데 함께해준 고마운 사람들

고통과 두려움에 떨고 있던 그때, 나를 걱정해주며 희망으로 격려해주었던 사람들이 있었다. 아내와 부모님, 장인 장모님, 가까운 옛 직장 선후배들 그리고 우석이 같은 오랜 친구들……

굿윌에서 무급으로 일하기 시작하면서 내 처지가 겉으로 보기에 많이 초라해지자 하나둘씩 떠나는 이들이 있었다. 그렇기에 이들의 관심과 진심 어린 격려는 더욱 감사하고 소중했다. 고마움에 눈물도 많이 흘렸다. 한동안 두려움과 실의에 빠졌던 나는 그 진심 어린 눈빛들을 보며 다시 한번 희망을 품었다. 침대에 누워 있는 처지였지만, 그래도 생각은 자유롭게 할 수 있다는 것에 감사하면서 깊숙이 인생을 들여다보며 다시 미래를 그려보았다.

아무리 생각해도 MBA를 가지 않고 미국에서 사회적기업가가 되는 일을 배우는 것은 현실적으로 불가능해 보였다. MBA 없이 지금까지의 국내 경력만으로는 미국에서 직장을 구하지 못할 것 같았기 때문이다. 지원 날짜는 정해져 있는데, 한창 시험준비를 해야 하는 상황에서 누워 있어야 하는 내 처지가 답답했지만, MBA가 내 인생을 바꾸기 위해 꼭 필요한 단계라는 확신이 들었다.

'1퍼센트 가능성도 가능성이다. 내가 완전히 걸을 수 없는 것도 아니고, 치료 받고 노력하면 다시 걸을 수 있다는데 뭘 그렇게 걱정하는가?'

나는 우석이에게 전화를 했다. 그러고는 우리가 여러 책에서 배웠던 행운의 지혜를 이번 기회에 제대로 실험해보기로 했다. 당시 우석이는 새로운 꿈을 이루기 위해 행운의 법칙들을 하나

하나 삶에 적용하며 하버드 대학 지원결과를 기다리는 상황이었다. 우석이는 무엇이 되었든 가장 좋은 것이 자기에게로 끌려올 것이라는 믿음을 강화하고 있었다. 아직 우석이의 결과를 보진 못했지만, 불가능해 보일 때 도전해서 무언가 얻는다면, 그 원리는 내 인생에 큰 도움이 될 거라는 생각이 들었다. 그래서 MBA 도전에 우리가 찾은 원리를 적용해보기로 한 것이다.

하지만 예상대로 현실은 쉽지 않았다. MBA에 지원하기 위해서는 GMAT와 TOEFL 시험을 봐야 하는데, 앉아서 하기도 힘든 시험준비를 침대에 누워서 해야 했다. 영어 독해와 수학 문제와 씨름하는 동안 나는 고통과 땀, 그리고 두려움과도 싸워야 했다. 더군다나 내 의지와 상관없이 움직이는 왼쪽 다리를 이끌고 온몸이 땀으로 범벅된 채 시험장까지 가서 약 4시간 동안 앉아 허리가 끊어질 것 같은 고통을 참으며 시험을 보는 것은 정말 많이 힘들었다. 실제로 시험장에 도착했을 때 이미 지쳐버렸고, 시험 문제를 풀 때도 정신이 혼미해지고, 막판에는 온몸에 흐르는 땀과 눈물을 닦으며 시험을 본다기보다는 나 스스로 싸워 이기는 데 온 힘을 쏟아야 했다.

몇 개월 그렇게 몇 개월…… 시험을 몇 번 보았지만, 역시나 드라마나 영화에서 보는 그런 성공 스토리는 내게 주어지지 않았다. 상황이야 어쨌든, 인과의 법칙에 따라 공부를 충분히 하지 못했기에 내가 원했던 목표 점수는 쉽사리 얻을 수 없었다.

한 번, 두 번, 세 번…… 힘든 몸을 이끌고 시험을 반복해 치렀지만 결과는 마찬가지였다.

냉정한 현실에 좌절했지만, 지푸라기라도 잡는 심정으로 내 낮은 점수로 MBA를 지원해도 크게 문제없다고 말해줄 그 누군가가 있을 거라 생각하며 그 한 명을 찾기 위해 MBA를 다녀온 선배들을 수소문해서 전화도 해보고 주변 사람들에게 무작정 물어도 봤지만 내 점수로 미국 톱 MBA에 갈 수 있다고 생각하는 사람은 아무도 없었다.

'더이상 MBA는 힘들겠구나' 하는 생각으로 포기하는 심정이 됐을 때, 우석이에게 연락이 왔다.

"민기야, 나 하버드 케네디스쿨 MPA 과정에 합격했어. 그리고 로터리클럽 장학생으로 선발됐다!"

행운 실험을 시작하다

무척이나 기뻤다. 친구의 합격 소식도 기뻤지만 특히, 우석이의 장학금 소식은 정말 기뻤다. 유학 자금을 마련하기 어려워 장학금을 받기 위해 정말 많이도 노력했지만 결과가 그렇게 좋지만은 않았는데…… 당시 행운의 법칙들을 의심했던 나는 다시 한 번 생각했다.

‘아, 이 법칙들이 정말 효과가 있구나. 나도 나만의 행운을 창조할 수 있을 거야!’

그 순간부터 내 마음속 모든 것들이 자리를 잡아가기 시작했다. 무엇을 잘못했는지, 무엇을 해야 하는지 파악할 필요도 없었다. 이미 잘 알고 있었다.

한동안 나는 계속 마음속으로 생각해왔다.

‘나에게 교통사고라는 커다란 나쁜 일이 생겼으니, 그리고 이렇게 허리가 아파서 걷기도 힘들 정도가 됐으니, 그 보상으로 분명히 노력을 안 해도 행운이 올 거야.’

이렇게 행운보다는 불행에 대한 보상을 생각하며, 얼마나 내가 불행한가에 내 모든 초점을 맞췄다.

행운 코칭을 통해 우리가 의식적으로 초점을 맞추는 어떤 말과 생각보다 무의식적으로 초점을 맞추는 감정과 믿음이 우리에게 더 큰 영향을 준다는 ‘초점의 법칙’을 발견하고 그동안 이것을 실험하고 있었는데 나는 이 법칙을 망각하고 있었던 것이다. 그래서 나는 우석이와 함께 다시 한번 행운을 부르는 법칙을 제대로 적용해보기로 결심했다. 그리고 우리는 우리의 경험을 통해 ‘행운 실험보고서’를 체계적으로 정리해나가기로 했다. 이렇게 우리의 인생을 바꾼 ‘행운 실험보고서’의 첫 페이지가 시작되었다.

제 1 장

행운, 그들에게는
우연이 아니었다

네잎클로버의 유래

네잎클로버에 관한 가장 오래된 이야기는 에덴동산으로부터 전해져온다. 아담과 하와가 금지된 선악과를 몰래 따먹다가 에덴동산에서 쫓겨나던 날, 평소 하와와 친하게 지내던 한 꼬마 천사가 슬프고 안타까운 마음에 떠나는 하와의 손에 무엇인가를 살짝 쥐어 주었는데 그것이 바로 클로버였다고 한다. 에덴동산에 있던 클로버는 모두 잎이 네 장이었는데, 네 장의 잎은 각각 믿음, 희망, 사랑 그리고 행운을 의미했다. 에덴동산에서 쫓겨난 아담과 하와는 마음 착한 꼬마 천사가 건네준 네잎클로버를 희망의 상징으로 삼아, 힘겹고 어려운 고비가 올 때마다 네잎클로버를 보며 다시 살아갈 힘과 용기를 얻었다고 한다.

어린 시절 누구나 한번쯤은 행운의 네잎클로버를 찾기 위해 풀밭을 뒤지던 기억이 있을 것이다. 하지만 네잎클로버를 찾는 것은 그리 쉬운 일이 아니다. 풀밭을 샅샅이 뒤진다고 해서 반드시 찾는다는 보장도 없다. 사람들에게 행운이란 네잎클로버 같은 것이다. 우연히 발견할 수도 있고 그렇지 않을 수도 있는 것. 하지만 놀랍게도 세상의 많은 유명인들이 자신들의 성공과 행복의 비결이 행운이라고 답한다. 그들에게 행운은 어떤 것이고, 또 그들은 어떻게 행운을 활용했을까?

유명인들의 성공비결

네잎클로버가 행운의 의미를 지니게 된 것에 대한 또하나의 이야기가 있다. 바로 역사상 최고의 전략가 중 한 명으로 손꼽히는 나폴레옹의 이야기다. 어느 날 나폴레옹이 전쟁터에서 말을 타고 가다가 잎이 네 개인 클로버를 발견했다. 호기심을 느낀 나폴레옹은 몸을 숙여 그 작고 신기한 풀을 꺾었는데, 그때 마침 적군이 쏜 총알이 나폴레옹의 구부린 등 위를 스치고 지나갔다. 네잎클로버 덕에 목숨을 건진 것이다. 그때부터 네잎클로버는 행운의 상징이 되었다는 이야기다.

실제로 나폴레옹이 장교들을 뽑을 때 중요하게 여긴 것 중 하나가 바로 '행운'이었다고 한다. 나폴레옹은 장교 후보생들의 기본적인 이력을 살펴본 뒤 언제나 다음과 같은 질문을 이력서에 적었다.

'이 후보생은 얼마나 운이 좋은가?'

참 독특한 인재 선발의 기준 아닌가?

인재를 선발할 때 운을 중시했던 사람은 나폴레옹뿐만이 아니다. 일본에서 가장 존경받는 기업인 중 한 사람인 마쓰시타 고노스케松下幸之助 역시 나폴레옹처럼 행운을 중요하게 생각했다.

1894년 11월 27일 일본 와카야마 현에서 태어난 마쓰시타 고노스케는 일본에서 경영의 신으로 추앙받는 인물이다. 쌀장사를 하던 아버지가 사업에 실패하자 그는 다니던 초등학교를 중퇴하고 작은 자전거 가게에 들어가 일을 시작했다. 그후 스물두 살에 마쓰시타전기제작소를 창업, 570개의 계열사와 20만 명이 넘는 종업원을 거느린 세계적인 기업으로 키웠다.

그는 거기에 안주하지 않고 미래 인재 양성을 위한 학교로 일본의 하버드 케네디스쿨이라 할 수 있는 마쓰시타정경숙松下政經塾을 설립했다. 이와 같은 입지전적 성공을 이룬 마쓰시타 회장은 신입사원 면접 때 반드시 다음과 같은 질문을 했다고 한다.

"당신의 인생은 지금까지 행운이 따랐다고 생각하십니까?"

〔마쓰시타 고노스케는〕 도쿄대, 교토대, 와세다대 등 아무리 일본의 유수한 대학을 졸업했다고 하더라도, "아니요, 운이 좋았다고는 생각하지 않습니다"라고 대답하는 사람은 채용하지 않았다고 한다. 반대로, "행운이 따랐던 것 같습니다"라고 대답하는 사람은 전원 채용했다.

'능력〈행운'이라고 마쓰시타 고노스케는 생각했던 것 같고, 행운이 따랐던 사람을 무엇보다 우선했던 것 같다.[1]

누구보다 많은 노력을 통해 성공에 다다랐을 거라는 일반적인 예상과 달리, 마쓰시타 고노스케 회장은 자신의 성공비결을 다음과 같이 말한다.

"내가 거둔 성공에서 노력에 의한 것은 1퍼센트에 지나지 않을 것입니다. 나머지 99퍼센트는 운이 좋아 능력 있는 사원들을 만났고, 멋진 아이디어를 얻을 수 있었기 때문입니다."[2]

물론 피땀 흘려 열심히 일하는 것도 중요하다. 하지만 마쓰시타 회장이 생각하는 성공비결의 핵심은 행운이다. 공교롭게도 그의 이름도 행운과 연관이 있다. 고노스케幸之助는 '행운(또는 행복)의 도움'이라는 뜻이다.

마쓰시타 고노스케 회장만큼이나 행운을 중요한 성공요소로

꼽는 세계적인 부호 한 명이 더 있다. 그는 바로 세계 최고의 갑부, 세계에서 가장 존경받는 리더, 디지털 제국의 제왕, 컴퓨터 천재, IT 혁명의 기수 빌 게이츠 회장이다.

어느 날 한 기자가 빌 게이츠에게 물었다.

"세계 최고의 갑부가 될 수 있었던 비결은 무엇입니까?"

빌 게이츠 회장의 답변은 간단하고 명료했다.

"나는 매일 아침 나 자신에게 두 가지 말을 해줍니다. 하나는 '오늘 아주 좋은 일이 생길 것 같다', 또하나는 '나는 뭐든지 할 수 있다'입니다. 그것이 제 성공비결입니다."

또다른 인터뷰에서는 "저의 엄청난 성공을 설명하려면 '인생은 알 수 없는 것'이라고 말할 수밖에 없겠네요. 어느 날 나비가 제게 날아와 행운을 준 셈이죠"라고 말하며 자신의 성공비결 중 행운이 가장 중요한 요소였음을 거듭 강조했다.[3]

이번에는 전설적인 운명학자가 말하는 행운 이야기를 살펴보기로 하자.

『운명을 만드는 절제의 성공학』에 따르면, 250여 년 전 실존했던 일본의 대사상가 미즈노 난보쿠水野南北는 '기(技)'와 '술(術)'로 치부되던 관상학을 학문과 수양의 수준으로 끌어올린 전설적인 관상학자였다. 그를 따르는 제자는 3000명이 넘었고, 18세기 일본 조정으로부터 대일본^{大日本}, 일본중조^{日本中祖}라는 파격적인 칭호까지 부여받았다. 하지만 그는 불우한 어린 시절을 보냈는데, 일찍이 부모를 잃고 대장장이를 하던 작은아버지 밑에서 키워졌다. 십대 때부터 술을 배우고, 도박을 일삼으며, 하루가 멀다 하고 싸움을 벌이다가 결국 열여덟 살 되던 해에 감옥에 투옥된다. 반년 동안 감옥에 갇혀 있으면서 난보쿠는 밖에서 보았던 사람들과 감옥에 들어오는 사람들의 얼굴 생김새가 꽤 다르다는 사실을 깨닫게 된다. 출옥 후 찾아간 관상가로부터 "일 년 안에 죽을 운명"이라는 말을 들은 난보쿠는 '나쁜 운'을 피하기 위해 애를 썼다. 우여곡절 끝에 겨우 죽음을 면한 그는 운명학자가 되기로 마음을 먹고 전국을 돌며 관상을 연구했다. 먼저 3년간은 머리 만지는 사람의 제자로 일하며 면상과 두상을, 다음 3년은 목욕탕에서 일하며 벌거벗은 몸의 체상을, 마지막 3년은 화장터 인부로 일하며 죽은 사람의 골격과 상을 연구했다. 그와 같은 깊은 연구를 더한 수행 후에 그는 길흉의 근본이 식사와 수행, 절제에 있음을 알았고 이후 관상학 분야의 최고 경지에 오르게 된다.

어느 날 미즈노 난보쿠에게 한 사람이 찾아와 다음과 같이 물었다고 한다.

"젊었을 때부터 운이 없어서 고생만 하고 살았습니다. 저에겐 언제 운이 따를까요?"

이때 미즈노 난보쿠는 다음과 같이 답변했다.

"당신뿐 아니라 세상의 많은 이들이 '운이 없다'고 하늘을 원망합니다. 그러나 운은 '있고 없음'과 '좋고 나쁨'의 경계가 없습니다. 사람의 운이라는 것은 우리 몸의 기운에 따라 달라집니다. 태양이 하늘을 순행하듯, 몸에도 천지의 기운이 순행합니다. 이것을 바로 '운運'이라고 합니다. 사람은 하늘의 뜻으로 그 신체가 생깁니다. 그래서 운이 '명命'이 되는 것입니다. 귀천을 불문하고 사람은 다 천운을 받아서 삽니다. 운에 따라 명이 달라지기 때문에 천운이 다하면 명도 다합니다. 그러므로 사람이 살아 있는 동안에는 항상 운은 자기 몸 안에 있는 것입니다. 운은 항상 몸에 깃들어 자연의 이치와 함께 돌아감으로 마음가짐과 몸가짐이 바르면 좋은 운이 되고 그렇지 않으면 나쁘게 됩니다. 먼저 마음가짐과 몸가짐을 제대로 하면 절대로 운이 나빠 고생하는 일은 없을 것입니다."

또한 다음과 같은 질문도 받았다고 한다.

"선생님은 천하제일의 관상가라고 소문이 대단하십니다. 그런데 왜 음식 절제만 강조하시고, 인생의 길흉에 대해서는 자세한 말씀이 없으십니까?"

"내가 왜 상(相)을 보는 줄 아십니까?

상이란 스스로 몸을 다스리고, 천하를 다스리는 대도이기 때문에 나 혼자 알아서는 안 되기 때문입니다. 그래서 많은 사람을 모아 도를 가르치기 위해서 상을 보고 길흉을 판단해주는 것입니다. 근래에 와서는 사람들에게 도를 가르치기만 할 뿐, 길흉은 말해주지 않습니다.

왜 그런 줄 아십니까? 도를 행하면 길흉은 의미가 없어지기 때문입니다. 도의 근본은 식이요, 식을 근본으로 하여 도가 시작되니 음식에 관한 말을 많이 할 수밖에 없습니다. 상은 있다가도 없고, 없다가도 있는 것입니다. 길흉이란 처음부터 확정된 것이 아닙니다.

식을 절제하면 심신이 엄중해지므로 당연히 몸과 천하를 다스릴 수 있는 근본이 섭니다. 천지의 이치를 깨닫고, 그것을 근본으로 하여 길흉을 판단해야 합니다. 이치를 모르는 보통 사람들도 음식을 절제함에 따라 그 법칙을 하나둘 깨닫는 것을 많이 보았습니다."[4]

많은 사람들은 행운과 불운은 우리가 통제할 수 없다고 생각한다. 하지만 탁월한 운명학자 미즈노 난보쿠의 말에 따르면 행운은 사람이 하기에 따라 자신의 것으로 만들 수 있는 것이다.

행운에 대해 조금씩 호기심이 생기는가? 이번엔 억만장자들이 공통적으로 손꼽는 성공비결을 알아보자.

뛰어난 금융컨설턴트 혼다 겐本田健은 스무 살부터 미국을 여행하면서 유명한 부자들을 직접 인터뷰하고 그들의 성공비밀을 배웠다. 그리고 그 비법을 기반으로 30대 초반에 백만장자가 될 수 있었다. 그가 찾은 행복한 부자의 비밀은 무엇일까? 이 또한 바로 행운이다.

혼다 겐의 말에 따르면 행운에 관한 억만장자들의 공통된 생각은 다음 세 가지로 정리할 수 있다.

> 첫째, 행운은 스스로 끌어당길 수 있다.
> 둘째, 행운은 누구에게나 온다.
> 셋째, 행운은 타이밍이다.[5]

정리해서 말하자면, 사람들은 보통 행운이란 어느 날 갑자기 복권에 당첨되는 것처럼 운 좋은 사람에게 일어나는 요행이나 우발적인 사건으로 보는 반면, 억만장자들은 행운을 노력을 통해 끌어들일 수 있는 것으로 본다는 의미다. 억만장자는 자신에게 행운이 다가올 것을 믿고, 때를 알아 삶에 다가오는 기회들에 적극적으로 대처한다면 행운을 끌어들일 수 있다고 믿는다. 이것이 억만장자들과 마음가짐이 평범한 사람들의 큰 차이점 중 하나라는 것이다.

그렇다면 이런 행운을 부르는 비결을 누구나 배울 수 있는 것일까? 영국 하트퍼드셔 대학교 심리학 교수이자 프로 마술사인 리처드 와이즈먼Richard Wiseman 박사는 거짓말, 속임수, 미신, 웃음, 사랑 등 주류 심리학계에서 다루지 않던 독특한 주제를 연구하는 것으로 유명하다. 그의 호기심 중 하나는 바로 행운에 관한 것으로, "왜 어떤 사람은 다른 사람들에 비해 더 많은 행운이 따를까? 어떻게 하면 불운한 사람들의 운을 좋아지게 할 수 있을까?"라는 의문을 가졌다. 그리고 이 질문의 해답을 찾기 위해 수백 명의 사람들과 8년 이상 다양한 실험을 했다.

와이즈먼 박사는 10대부터 80대까지 사업가, 학자, 노동자, 교사, 주부, 학생 등 다양한 직업을 가진 사람들을 선발했다. 그리고 와이즈먼 박사가 스스로 고안한 행운 원칙이 운이 좋은 집단과 운이 없는 집단 모두에게 효과가 있는지 검증하기 위해 스스로를 행운아로 여기는 집단과 스스로 불운하다고 여기는 두 집단으로 나누었다. 두 집단의 실험 대상자들은 와이즈먼 박사가 고안해낸 행운의 원칙에 따라 한 달 동안 생활하면서 실험에 참여했다. 이 과정에서 행운에 영향을 미칠 것이라고 생각되는 요소인 성실성, 지능, 미신, 우연, 초자연적인 힘 등에 대한 여러 가지 실험을 동시에 진행했다.

이 실험결과 두 집단 모두 행운 훈련을 통해 불운하거나 불행한 일에 대해서 빨리 잊었을 뿐 아니라, 내면의 소리에 귀기울이는 능력이 향상되었으며, 다가온 행운을 빨리 알아보게 되었고, 자신에게 행운이 올 것이라는 기대와 믿음을 갖게 되었다.

와이즈먼 박사는 행운을 학습했던 실험 참가자들 가운데 80퍼센트가 지금까지도 아주 행복하게 살고 있으며, 자신의 삶에 더욱 큰 만족감을 갖게 되었다고 전했다. 그런데 이보다 중요한 것은 참가자들의 운이 실제로 좋아졌다는 사실이다. 원래 운이 좋았던 사람들은 더욱 운이 좋은 사람들이 되었고, 불운했던 사람들도 운이 좋은 사람들이 되었다고 한다. 이런 실험결과를 바탕으로 리처드 와이즈먼 박사는 다음과 같은 결론을 내렸다.

"행운은 신비한 능력이나 하늘이 내린 우연한 선물이 아니다. 행운은 마음가짐과 사고방식과 태도에 따라 달라진다."[6]

어떠한가? 이제는 행복한 성공의 비결 중 하나가 바로 행운이라는 말이 설득력 있게 받아들여지는가? 그렇다면 다음 장부터는 본격적으로 행운의 법칙 7단계에 대해 알아보도록 하자.

제 2 장

행운의 법칙 1단계 _

행운을 창조하는 무의식의 법칙

1단계 핵심 내용 : 무의식의 힘

　행운의 법칙 1단계는 '배양토의 비밀' 단계다. 네잎클로버를 잘 기르려면 먼저 클로버가 자랄 수 있는 땅을 이해하는 것이 제일 중요하다. 그렇다면 사람에게 있어 배양토는 무엇일까? 그것은 바로 무의식이라고 할 수 있다. 무의식은 간단히, 식물이 뿌리를 내린 땅속을 볼 수 없듯이, 우리가 알아차리지 못하는 우리의 '숨겨진 마음'이라고 이해하면 된다. 사람들이 종종 "도대체 나도 내 마음을 잘 모르겠다"고 이야기할 때 자신도 모르게 이 무의식에 대해 말하고 있는 것이다.

　1단계의 핵심은 한마디로 '무의식 이해하기'다. 무의식은 마치 바다 깊숙이 침몰한 보물선 같아서, 행운을 부를 수 있는 놀라운 비밀들이 이 무의식 속에 숨어 있다. 이번 장에는 바로 이 무의식에 관한 비밀들이 정리되어 있다. Good Luck!

천재는 99퍼센트의 노력으로 이루어진다?

당신에게 엄청난 돈을 벌어줄 아이디어가 매년 한 개씩 떠오른다면 어떨까? 여기 그런 행운을 매일 불러낸 사람이 있다. 바로 위대한 발명가 토머스 에디슨이다. 세계에서 가장 많은 발명을 했으며 평생 평균 2주에 하나씩 발명품 특허를 내서 특허만 무려 1093건을 가지고 있던 에디슨의 성공비결은 무엇일까?

에디슨은 창의적인 아이디어를 내기 위해 매우 흥미로운 방법을 썼다고 한다. 그는 종종 의자에 앉아 양손을 팔걸이 옆으로 늘어뜨리고 머릿속에 자신이 얻고 싶은 해답에 대한 질문을 떠올린 후 선잠을 자곤 했다. 이때 양손에는 쇠구슬을 하나씩 쥐고, 양손 바로 아래쪽 바닥에는 양철로 된 접시를 각각 하나씩 놓아두었다. 에디슨이 가수면 상태에 빠져들면 양손이 이완되고, 손에 있던 쇠구슬들이 아래에 놓인 접시로 굴러떨어지게 해놓은 것이다. 쇠구슬이 떨어지는 순간, 접시가 덜거덕거리는 소리에 깨어난 에디슨은 그 순간 떠오른 생각을 그것이 무엇이든지 간에 종이에 적었다. 그리고 이 무의식에서 떠오른 생각들을 기반으로 세계의 역사를 바꾼 위대한 발명들을 이루어냈다고 한다. 다소 엉뚱해 보이지만 '무의식'에서 아이디어를 끌어내기에는 아주 효과적인 방법이었다.

1931년 10월 21일자 미국의 한 신문기사는 에디슨이 어떻게 합성 고무의 제조법을 발명했는지 보도하고 있다. 그 기사에는 다음과 같이 쓰여 있었다.

에디슨은 깊은 잠에 빠져들었다. 그리고 아이디어가 별안간 신비의 시공간으로부터 번쩍이며 다가왔다. 말 그대로 해답은 마치 청천벽력과 같이 찾아왔다. 그것은 결코 의식적인 사고나 골똘한 생각으로부터 떠오른 것이 아니었다. 섬광처럼 번쩍! 다가온 아이디어가 발명을 완성시킨 것이다. 즉, 내부의 소리가 말해준 것이다. 의식 속에 축적되어 있던 과거의 연구 전부가 결정되어 꽃이 되고, 드디어 섬광과 같이 그들이 추구하던 합성 고무의 제조법이 나타났다.

우리가 잘 알고 있는 에디슨의 명언 중 "천재는 99퍼센트의 노력과 1퍼센트의 영감으로 이루어진다"는 말이 있다. 하지만 잘 알려지지 않은 사실은 에디슨은 1퍼센트의 영감을 99퍼센트의 노력보다 더 중시했다는 사실이다. 에디슨의 발명은 1퍼센트의 영감을 통해 얻은 아이디어를 99퍼센트의 노력으로 현실화하는 일이었다.

원래 에디슨은 1929년 2월 11일 자신의 82세 생일날 인터뷰에서 다음과 말했다.

"최초의 '영감'이 좋지 않으면 아무리 노력을 해도 소용이 없습니다. 무턱대고 노력만 하는 사람은 에너지만 허비하는 것과 같지요. 그런데 안타깝게도 이 사실을 모르는 사람이 너무 많은 것 같습니다."

그러나 인터뷰를 한 신문기자는 이 언급을 "천재는 1퍼센트의 영감과 99퍼센트의 노력으로 이루어진다"라고 잘못 보도했고, 우리는 이를 지금까지 에디슨의 명언으로 잘못 알게 되었다.[7]

에디슨이 보통의 발명가와 비교할 수 없는 세기의 발명가가 될 수 있었던 비결은 바로 '무의식'을 이해하고, 그 무의식의 힘을 지혜롭게 활용해 탁월한 발명 아이디어를 불러낸 것에 있었다.

> **행·운·포·인·트**
> 에디슨의 천재적인 발명은 '무의식의 지혜'를 적극 활용했기에 가능했다.

나도 모르는 내 마음, 무의식

그렇다면 무의식은 도대체 무엇이고, 과연 행운과는 어떤 관계일까? 행운을 부르는 법은 마치 네잎클로버를 기르는 법과 같다. 땅이 좋아야 영양가 높고 맛있는 곡식이나 싱싱한 과일을 수

확할 수 있는 법이다. 네잎클로버도 마찬가지다. 배양토에 대해 알아야 네잎클로버를 잘 기를 수 있다. 따라서 행운을 끌어들이기 위해 가장 먼저 이해해야 하는 것이 바로 이 무의식이다. 무의식이 행운을 길러내는 땅과 같은 역할을 하기 때문이다.

먼저 무의식에 대한 전반적인 이해를 위해 전문가들이 말하는 무의식에 관한 이야기를 들어보도록 하자. 정신분석학의 창시자로 널리 알려진 지크문트 프로이트는 무의식에 대해 다음과 같이 언급했다.

"나는 어떤 결정을 내릴 때 그 결과가 가져올 장단점을 꼼꼼하게 살핀다. 그러나 정작 중요한 문제에 대해서는 내 마음 어딘가에 자리한 무의식이 결정을 내린다."

프로이트 못지않은 저명한 정신분석학자이며 분석심리학의 창시자인 카를 융은 무의식에 대해 다음과 같이 말했다.

"무의식을 의식화하지 않으면 무의식이 우리 삶의 방향을 결정하게 되는데, 우리는 바로 이런 것을 두고 운명이라고 부른다."

하버드 대학교 의대 교수로 근대 심리학을 창시한 윌리엄 제임스 박사도 무의식에 관해 다음과 같이 말했다.

"인간의 무의식 속에는 세계를 움직이는 힘이 있다."

위 세 사람의 이야기를 한마디로 정리하면 '무의식은 우리 삶에 큰 영향력을 끼친다'라고 할 수 있다. 무의식은 전문가에 따라서는 잠재의식이라고 부르기도 하는데, 무의식이라는 개념의 폭이 워낙 방대하기 때문에 각 분야와 전문가들마다 정의와 이해가 달라서 아직까지 학계에서조차 통합된 이론이나 개념으로 정리되어 있지 않다. 따라서 지나치게 전문적이고 복잡한 '무의식 이론'을 언급하는 것은 이 책의 범위를 넘어선다. 또한 본서에서는 집단적 차원의 무의식 개념보다는 주로 개인적 차원의 무의식에 대해 다루도록 하겠다. 따라서 이 책에서는 간단하게 '무의식이란 내 의식이 알아채지 못하는 내 안의 미지의 영역' 정도로만 이해하고 넘어가도록 하겠다. 왜냐하면 우리가 집중하려 하는 것은 복잡한 이론의 이해가 아니라 우리의 삶에 실질적으로 활용 가능한 실용적인 지혜의 습득이기 때문이다. 다만 미지의 무의식이 우리 삶에 엄청난 영향을 미치고 있다는 사실을 마음에 확실히 새기기 위해 전문가들의 의견을 좀더 들어보기로 하자.

하버드 경영대학원의 교수이자 무의식 마케팅의 선구자인 제럴드 잘트먼은 다음과 같이 말했다.

"인간의 인식 활동 중 무의식이 차지하는 비중이 95퍼센트이며 의식은 단 5퍼센트에 불과하다."

버지니아 대학교 심리학 교수 티모시 윌슨의 주장도 흥미롭다.

"매초마다 사람이 받아들이는 정보는 1100만 바이트, 그중 의식이 처리할 수 있는 용량은 단 0.000004퍼센트인 44바이트 수준이다. 우리의 의식은 빙산 위의 눈덩이 하나에 지나지 않는다."

이러한 주장들을 정리해보면, 우리는 하루 중 1~5퍼센트 이하의 의식적인 희망과 욕구에 따라 움직일 뿐이며, 그 외에는 우리 무의식의 습관화된 패턴에 따라 행동하고 살아가고 있다는 의미가 된다. 즉 우리의 모든 행동 중 무의식적인 행동은 무수히 많은 반면, 의식적인 행동은 극소수에 불과하다.

무의식의 특징

우리가 미처 알아채지 못하고 있지만 우리 삶에 막대한 영향을 미치는 무의식의 영향력과 특징을 이해하여 그 힘을 우리 삶에 지혜롭게 활용할 수 있다면 매우 유용할 것이다.

그렇다면 무의식은 과연 어떤 특징과 영향력 들을 가지고 있을까? 여러 전문가들의 이야기를 종합 정리해보면 무의식은 다음과 같은 특징을 갖고 있다.

1. 무의식은 현실과 상상을 구분하지 않는다.

2. 무의식은 생생한 심상, 즉 이미지 언어를 선호한다.

3. 무의식은 시간 개념이 없다. 즉 과거, 현재, 미래를 구분하지 않는다.

4. 무의식은 의식이 판단하는 옳고 그름, 진실과 거짓의 개념을 구분하지 않는다.

5. 무의식은 의식만큼 실질적이고 균형잡힌 힘이며 의식보다 무의식 속에 더 큰 지혜가 숨어 있다.

6. 우리는 무의식 차원에서 서로 연결되어 있기 때문에 한 사람의 에너지는 주변 사람들과 환경에도 영향을 미친다.

7. 우리는 24시간 내내 무의식의 영향을 받는다.

8. 우리는 무의식적인 감정과 욕구에 큰 영향을 받는다.

9. 우리는 심신의 긴장이 풀린 이완 상태에서 무의식의 소리를 잘 들을 수 있다.

10. 우리가 자기 삶의 태도나 행동에 대해 무의식적으로 반응하면 같은 패턴을 되풀이하게 된다.

위 내용들을 지금 당장 외우거나 완벽하게 이해할 필요는 없다. 그냥 마음 편하게 이런 것들이 있구나 생각하고 다음 이야기로 넘어가도 좋다. 앞으로 이어지는 행운의 법칙들을 편안하게 반복해서 읽다보면 무의식의 특징과 영향력에 대해 어느덧 자연스럽게 느끼고 깨닫는 순간이 다가올 것이기 때문이다.

다만 무의식을 이해하는 태도에 있어 꼭 주의해야 할 두 가지가 있다.

첫째, 무의식을 과소평가하는 태도다. 많은 자기계발서나 성공학 서적들을 살펴보면 무의식을 마치 우리가 마음대로 조종할 수 있는 우매한 동물이나 주인의 말에 무조건 복종하는 램프의 요정 정도로 취급하는 경향이 있다. 하지만 앞서 언급했듯이 무의식은 의식만큼이나 실질적이고 균형잡힌 힘이며, 무의식 속에는 의식보다 더 큰 지혜가 숨겨져 있다는 사실을 기억해야 한다. 따라서 무의식을 우리 마음대로 조종할 수 있다는 오만한 태도보다는 무의식의 지혜에 귀기울일 줄 아는 겸손한 태도가 중요하다.

둘째, 반대로 의식의 힘을 과소평가하는 태도다. 카를 융은 무의식과 의식의 관계를 거대한 대양에 떠 있는 코르크 마개로 비유할 수 있지만 도덕적인 측면에 있어서는 의식과 무의식이 동등하다고 말했다. 그것은 의식의 영향력이 무의식에 비해 미미하더라도 인간의 의식은 스스로를 성찰할 수 있는 특별한 힘을 가지고 있기 때문이다.

따라서 우리는 이 두 가지 점에 유의하면서 의식과 무의식의 힘을 균형 있게 이해할 필요가 있다.

이어서 이러한 무의식의 특징들에 기반한 네잎클로버의 네 가지 법칙들을 살펴볼 것이다. 행운의 지혜를 활용하는 데 있어 네 잎클로버 네 가지 법칙들은 마치 전기 스위치 같은 역할을 한다. 복잡한 전기공학 이론을 다 이해하지 못한다 해도 스위치 사용법만 알면 전기의 힘을 안전하고 편리하게 사용할 수 있듯이 이 법칙들은 여러분이 행운의 지혜를 활용하기 위한 실용적이고 편리한 스위치가 되어줄 것이다.

네잎클로버 제1법칙: 공명의 법칙

공명^{resonance}이란, 서로 같지 않은 것이 일치를 이루어 진동하는 것을 의미한다. 한자 共鳴을 풀어보면 '함께 울리고 떨린다'는 의미가 된다. 예를 들면, 성악가의 목소리 진동이 옆에 놓인 크리스털 잔의 진동과 일치할 경우 잔이 떨리다가 심지어 깨지기도 하는 현상을 관찰할 수 있다. 학창 시절 과학 시간에 했던 소리굽쇠 실험을 떠올려보자. 같은 크기의 소리굽쇠 두 개 중 하나의 소리굽쇠를 막대기로 쳐서 울리면 치지 않은 옆의 소리굽쇠도 같이 울린다. 이것이 바로 공명이다. 이러한 공명은 동조현상을 일으키는데, 동조현상이란 하나의 진동이 다른 진동과 일치하거나 조화를 이루는 반응이다.

　　동조현상은 17세기 크리스티안 하위헌스에 의해 우연히 발견되었다. 추시계 발명가이기도 한 하위헌스는 많은 추시계를 소유하고 있었다. 어느 날 그는 모든 시계추가 동일한 모습으로 흔들린다는 사실을 알게 되었다. 자신이 조작하지 않은 현상을 발견한 그는 매우 당황했다. 하위헌스는 다시 시계추마다 각자 다른 리듬을 갖도록 조절했다. 하지만 얼마 지나지 않아 또다시 모든 시계추가 가장 강력한 리듬의 시계추와 완벽하게 일치되는 움직임을 나타냈다.[8]

　　가장 강력한 리듬의 파동을 가진 추시계를 따라서 주변 시계들이 '공명'하는 것이다. 이런 추시계들과 마찬가지로 우리의 정신적 파동도 동조현상을 따른다. 『시크릿』 같은 책을 통해 잘 알려진 '끌어당기는 힘'이란 바로 이런 동조현상 때문에 발생하는 것이다. 자신이 가장 강하게 생각하고 믿는 것이 그와 비슷한 리듬과 파동을 지닌 것들을 끌어들이는 것이다.

　　미국의 과학자로 거짓말탐지기 전문가인 클리브 백스터는 사람의 입속에서 백혈구 세포를 채취한 후, 이 백혈구 세포를 아주 작은 전기신호 반응까지 측정할 수 있는 거짓말탐지기에 연결했다. 결과는 실로 놀라웠다. 피험자에게 아무런 자극이 없을 때는 백혈구 세포 역시 아무런 변동이 없었지만, 피험자에게 자극적인 사진을 보여주자 세포가 격렬하게 반응하면서 날카로운 변동 곡선을 그린다는 사실을 발견한 것이다. 피험자가 사진 보기를 멈추면 거짓말탐지기에 연결된 백혈구 세포 또한 다시 잠잠해졌다.

이 놀라운 실험은 피험자와 세포가 떨어진 거리에 영향을 받지 않았다. 한 실험에서 백스터는 2차 세계대전 때 해군으로 참전했던 피험자에게 1941년 진주만 습격을 다룬 다큐멘터리를 보여주었다. 영상에서 전투기가 화염을 뿜으며 추락하는 장면을 보자 피험자 얼굴에 감정적인 반응이 나타났다. 놀라운 사실은 그와 동시에 약 11킬로미터 밖에 있는 측정 장치의 바늘이 마치 피험자에게 부착되어 있는 것처럼 격렬하게 반응했다는 사실이다. 피험자는 진주만 전투에 참가했고, 격추되는 전투기들을 목격했다. 그 공포에 찬 기억을 온몸의 모든 세포가 다 기억하고 있었던 것이다. 수백 킬로미터 떨어진 경우도 동일한 결과가 나타났다. 이후 실험환경을 다변화시키면서 유사한 실험을 해보았지만, 피험자와 세포의 반응 시간 차는 존재하지 않았다. 마치 여전히 물리적으로 한몸으로 연결되어 있는 듯이 반응했다.

위의 실험과 관련된 다른 연구결과를 살펴보기로 하자.

1993년 미 육군의 연구팀은 사람으로부터 분리된 세포가 멀리 떨어져 있어도 서로 연결되어 있는지 실험했다. 사람의 세포와 DNA 샘플을 채취한 후 특별히 고안된 장치에 넣어, 수십 킬로미터 떨어진 곳에 있는 샘플 제공자의 감정에 반응하는지 관찰한 것이다. 샘플 제공자에게는 코미디에서 포르노에 이르기까지 여러 장르의 영상물을 보여준 후 다양한 감정을 느끼도록 했다.

그러자 샘플 제공자가 강력한 감정 상태를 보였을 때, 멀리 떨어져 있는 세포와 DNA는 동시에 강한 전기 반응을 보였다. 마치 물리적으로 연결되어 있는 듯했다. 이후 수백 킬로미터 거리를 두고 실험을 진행했을 때도, 역시 한몸인 듯 반응하는 것으로 나타났다. 실험에 감정과 세포의 반응 시간 차이는 번번이 제로였다. 감정이 생기는 즉시 세포와 DNA가 영향을 받았다는 말이다. DNA가 같은 방 안에 있든, 수백 킬로미터 떨어져 있든 결과는 마찬가지였다.

이 실험을 통해 세포와 DNA는 에너지장을 통해 서로 연결되어 소통하며, 그 영향력은 거리와 상관이 없음을 알 수 있게 되었다. 아울러 인간의 감정은 살아 있는 DNA에 직접적인 영향을 준다는 사실이 밝혀졌다.[9]

뉴욕타임스 선정 베스트셀러 작가로 전직 마틴 매리에타 방어 시스템 수석 컴퓨터 시스템 디자이너이자 필립스 정유의 컴퓨터

지질학자이며 시스코 시스템스 기술 운용 매니저였던 그렉 브레이든Gregg Braden은 이 놀라운 현상을 양자물리학적 관점에서 설명한다. 그는 이러한 공명현상이 가능한 이유를 '디바인 매트릭스Divine Matrix'라고 설명하는데, 디바인 매트릭스란 우리 몸과 세계와 우주의 모든 것을 잇는 근원적 에너지망, 모든 것을 거울처럼 보여주는 에너지장의 존재를 의미한다. 이 디바인 매트릭스로 인해 공명현상이 작동하게 된다는 의미다.

이 책에서는 이 현상을 네잎클로버 제1법칙 '공명의 법칙'이라고 부르기로 한다. 공명의 법칙이란 우리의 생각, 말, 감정과 유사한 파동을 지닌 것들이 서로 함께 진동하며 끌어당기는 현상을 의미한다.

네잎클로버 제2법칙: 저항의 법칙

"왜 내 삶은 뜻대로 안 풀리고 하는 일마다 막히고 꼬이는 것일까?"

네잎클로버 제2법칙 저항의 법칙은 위와 같은 질문을 가진 독자들에게 불운의 악순환을 돌파할 멋진 힌트를 주는 법칙이다. 먼저 이 법칙의 이해를 도와줄 비유 하나를 소개한다.

한 무리의 관광객들이 버스를 타고 여행을 하고 있었다. 그런데 갑자기 버스가 웅덩이에 빠지고 말았다. 움직이지 않는 버스를 구덩이에서 빼내기 위해 사람들은 버스에서 내려 뒤에서 앞으로 힘껏 버스를 밀었다.

그런데 아무리 열심히 밀어도 버스가 꼼짝도 하지 않을 뿐 아니라 오히려 뒤로 밀려나는 것이 아닌가? 이상하게 여긴 한 승객이 뒤에서 미는 것을 멈추고 버스 앞쪽으로 가보고는 깜짝 놀라고 말았다.

버스에는 두 개의 문이 있었는데, 대다수의 승객들은 앞에서 뒤쪽으로 버스를 밀고 있었고 반대로 다른 문으로 내린 일부 승객들이 버스의 뒤편에서 앞쪽으로 힘껏 밀고 있었던 것이다. 양쪽에서 미는 힘 때문에 버스는 움직이지 않다가 승객 대다수가 밀고 있던 앞쪽에서 미는 힘이 더 컸기 때문에 결국 버스가 뒤로 밀렸던 것이다.

우리의 인생을 버스에 비유한다면 버스 뒤쪽에서 미는 힘이 의식이며 버스 앞쪽에서 미는 힘을 무의식이라고 할 수 있다. 우리는 두 세계의 영향을 받는다. 개인적 차원에서 우리가 원하는 것을 이루지 못하는 주된 이유 중 하나는 이와 같이 의식적인 의도와 무의식적인 욕구라는 두 개의 상반된 힘이 서로 저항하며 충돌하기 때문이다.

간단한 예를 들어보자. 누구나 한번쯤 시험 전날 벼락치기 공부를 했던 기억이 있을 것이다. 시험 날짜가 다가오면 머릿속에서 '미리미리 하지 않으면 고생하는데…… 지금 시험공부를 해야 하는데……' 하는 생각을 하면서도 몸은 이미 텔레비전과 컴퓨터 앞에 앉아 있고, 친구와 수다를 떨기 위해 통화 버튼을 누르고 만다. 이 경우 공부를 하려는 의지(버스를 뒤에서 앞으로 향해 미는 힘)와 시험의 긴장과 부담감에서 벗어나고 싶은 욕구(버스를 앞에서 뒤로 미는 힘)가 충돌한 것이다. 대부분 공부를 해야 한다는 중압감에서 벗어나고자 하는 무의식적 욕구가 더 강하기 때문에 후회할 것을 알면서도 자신도 모르게 스마트폰을 만지작거리다가 무의미한 인터넷 서핑을 하거나 친구와 전화를 하게 된다. 즉, 내 의식적 바람과는 반대로 가는 자신의 행동을 발견하게 된다. 앞뒤에서 동시에 미는 버스는 앞으로 나아갈 수 없듯이 '의식적인 의도'와 '무의식적인 욕구'가 충돌하는 동안 우리도 원하는 방향으로 갈 수 없다. 오히려 의도하는 방향과 반대 방향으로 뒷걸음치는 경우가 비일비재하다.

그렇다면 버스를 원하는 방향으로 움직이게 하려면 어떻게 해야 할까? 일단 앞에서 막고 있는 힘을 제거해야 한다. 그러면 버스는 저절로 움직이기 시작할 것이다. 만약 앞에서 막고 있는 힘이 뒤에서 밀고 있는 힘과 합쳐져서 함께 버스를 밀기 시작하면 버스는 훨씬 빠른 속도로 원하는 방향으로 움직이게 된다.

즉, 자신의 의식적인 바람과 무의식적인 믿음이 일치할 때, 자신이 진정으로 원하는 바를 실현할 수 있는 가능성을 높일 수 있다. 이것이 네잎클로버 제2법칙 저항의 법칙이다.

행 · 운 · 포 · 인 · 트

우리의 의식적인 의도와 무의식적인 욕구가 일치할 때,
꿈을 이룰 수 있는 가능성을 높일 수 있다.

네잎클로버 제3법칙: 초점의 법칙

"왜 내가 원하는 것은 이루어지지 않고 엉뚱하게 원하지 않는 것만 이루어질까요? 난 정말 운이 없는 걸까요?"

이 질문에 대한 답을 얻으려면 네잎클로버 제3법칙 초점의 법칙을 이해해야 한다. 초점의 법칙이란 간단히 말해 돋보기로 빛의 초점을 맞춰 신문에 불을 붙일 수 있듯이 우리가 주의를 기울이는 생각과 감정 또한 초점을 맞추는 만큼 에너지가 커진다는 것이다.

초점의 법칙을 잘 이해할 수 있도록 도와주는 예화 한 편을 살펴보도록 하자. 다음 이야기는 앞서 언급했던 뉴욕타임스 베스트셀러 작가 그렉 브레이든이 그의 저서 『잃어버린 기도의 비밀』에서 그의 인디언 친구가 기우제를 위해 기도하는 모습을 직접 목격한 경험을 소개한 내용이다.

1990년대 초반의 어느 날, 당시 북부 뉴멕시코 지방의 사막 고지대에 극심한 가뭄이 드는 바람에 나의 인디언 친구 데이비드(가명)는 '비를 기원하는' 의식에 나를 초대했다. 나는 이른 아침에 약속한 장소에서 그를 만나 산길을 오르기 시작했다. 산쑥이 흐드러지게 핀 드넓은 고원지대의 길을 두 시간 정도 걸었을 때, 우리는 데이비드가 예전에 수없이 다녀서 손바닥 보듯이 잘 알고 있는 기도 장소에 도착했다. 그곳은 완벽한 기하학적 선과 화살표가 그려진 원 모양의 돌로 된 광장이었는데, 아주 오래전에 그것을 만든 사람의 손길이 느껴질 정도로 잘 보존되어 있었다.

"여기가 어디지요?"

나는 물었다.

"여기에 오려고 오늘 아침부터 길을 떠난 겁니다."

데이비드는 그렇게 대답하며 웃었다.

"여기 돌로 된 원은 치료의 바퀴입니다. 우리 부족들이 기억하는 한, 이것은 여기에 있었습니다. 바퀴 자체는 아무런 힘이 없습니다. 단지 기도자가 기도를 집중할 수 있도록 분위기를 조성하는 역할을 할 뿐입니다. 인간과 이 세상의 힘 사이를 연결하는 지도라고 생각해도 됩니다.”

데이비드는 내가 무엇을 물어볼지 눈치채고는 자기가 어린아이였을 때 지도의 언어를 배운 사연을 들려주었다.

“오늘 나는 고대의 길을 따라 다른 세상으로 갈 것입니다. 다른 세상에 도착하면 내가 여기에 오면 하려고 마음먹은 일을 할 생각입니다. 오늘 우리는 비에 대해 기도를 올릴 겁니다.”

나는 할 말이 떠오르지 않았다. 데이비드가 가만히 신발을 벗고 맨발로 원 안으로 들어가서 사방 모든 선조들에게 경의를 표하는 모습을 조심스럽게 지켜볼 수밖에 없었다. 그는 천천히 양손을 얼굴 앞으로 기도하는 손짓을 취하고 눈을 감고는 꿈쩍도 하지 않았다. 한낮에 사막을 내리쬐는 태양의 열기에도 아랑곳하지 않고 그의 호흡은 느려졌다. 그가 숨을 쉬는지조차 판별하기 어려울 정도였다. 몇 분이 흐르고 나서 마침내 그는 크게 숨을 들이키고는 눈을 뜨고 나를 보며 말했다.

“갑시다. 여기서 할 일은 다 했어요.”

춤을 추거나 하다못해 주문이라고 욀 것으로 기대했던 나는 그가 하도 빨리 기도를 시작했다가 끝내는 바람에 깜짝 놀라서 물었다.

“벌써 끝났어요? 나는 당신이 비를 내려달라고 기도할 줄 알았는데요!”

데이비드는 이런 종류의 기도를 이해하는 데 결정적인 단서가 될 만한 대답을 했다. 그는 신발끈을 묶으려고 땅바닥에 앉아서 나를 올려다보며 빙그레 웃는 얼굴로 대답했다.

“아니요, 나는 비에 대해 기도하겠다고 말했어요. 만약 내가 비를 내려달라고 요구하는 기도를 했다면 그런 일은 절대로 일어나지 않을 것입니다.”

데이비드는 그날 자기가 무슨 뜻으로 그런 말을 했는지 나중에 설명해주었다. 그는 어렸을 때 마을 노인들에게서 기도의 비법을 전해 듣게 된 경위부터 설명하기 시작했다.

어떤 일이 일어나게 해달라고 간청하게 되면 우리가 소유하지 못한 것에 힘의 주도권을 넘겨주는 것이 문제라고 그는 말했다. 치유를 요구하는 기도는 질병에게 힘을 준다. 비를 요구하는 기도는 가뭄에게 힘을 넘겨준다는 것이다.

“이런저런 것들을 달라고 매달리면 변화시키려는 것들에 힘을 더 실어주게 됩니다.”

그가 말했다.

나는 데이비드를 마주보면서 물었다.

“비를 내려달라고 기도하지 않았다면 무엇을 했나요?”

그가 대답했다.

"간단해요. 비가 주는 느낌을 상상하기 시작했어요. 그러자 내 몸에 닿는 빗방울이 느껴졌지요. 비가 쏟아질 때 진흙투성이가 된 우리 마을 광장에 맨발로 서 있을 때의 기분을 느꼈어요. 그리고 마을 흙집 벽에서 나는 비의 냄새를 맡았고 비를 맞으며 가슴 높이까지 자란 옥수수밭 사이를 헤집고 돌아다닐 때의 기분을 만끽했지요."[10]

인디언의 기도 이야기가 잘 보여주듯이 우리의 의식적인 바람이나 의도보다는 우리가 무의식적으로 초점을 맞추는 쪽으로 생각이 현실화되는 경향, 이것이 바로 네잎클로버 제3법칙 '초점의 법칙'이다. 이 초점의 법칙은 우리 일상에서도 쉽게 관찰할 수 있다. 아마 우리 대부분은 살아오면서 주변 사람들의 실망스러운 모습들을 보면서 "나는 절대로 ○○처럼 되지 않을 거야"라고 다짐한 적이 한두 번씩은 있을 것이다. 그런데 본인의 의도와는 반대로 주위 사람들의 싫은 면들을 싫어하면 싫어할수록 더욱더 그들을 닮아가는 자기 자신을 발견하게 되는 경우가 종종 있다.

또 우리는 "시험에 실패하면 안 돼" "발표할 때 절대 떨면 안 돼" "사업에 절대 실패할 수 없어"와 같이 우리는 진심으로 원하는 것에 초점을 맞추기보다 원하지 않는 것에 무의식적으로 초점을 맞추는 경향이 있다. 그럴 경우, 자신의 의식적인 바람보다 무의식적으로 초점을 맞춘 것에 상응하는 결과가 나올 가능성이

커지게 된다.

이와 같이 우리 자신을 가만히 잘 살펴보면 우리는 우리가 진정 원하는 것에 대해서는 잘 모르거나 막연하기 때문에 모호하게 초점을 맞추지 못하고, 반면 우리가 싫어하고 원하지 않는 것은 확실히 알기 때문에 명확히 초점을 맞추는 경향이 있다. 때문에 이렇게 무의식적으로 초점을 맞춘 것을 현실화할 가능성이 높아진다. 이것이 바로 초점의 법칙이다.

행·운·포·인·트

우리가 의식적으로 초점을 맞추는 말과 생각보다 무의식적으로
초점을 맞추는 욕구와 믿음이 현실화될 가능성이 크다.

네잎클로버 제4법칙: 인과의 법칙

네잎클로버 제4법칙은 우리가 이미 익숙하게 잘 아는 법칙이므로 간단히 설명하도록 하겠다. '콩 심은 데 콩 나고, 팥 심은 데 팥 난다'는 속담을 많이 들어보았을 것이다. 이 속담은 바로 네잎클로버 제4법칙 인과의 법칙을 쉽게 설명해주는 말이다.

씨 없는 수박을 발명한 우장춘 박사의 사위로 일본에서 가장 존경받는 경영자 중 한 사람이자 '살아 있는 경영의 신'으로 불리

는 교세라 그룹의 이나모리 가즈오稻盛和夫 명예회장은 인생에는 크게 운명의 힘과 인과율의 힘이 작용한다고 했다(여기서 인과율이란 쉽게 말해 '뿌린 대로 거둔다'는 뜻으로 이해하면 된다).

이나모리 가즈오 회장은 그의 저서 『카르마 경영』에서 인생을 움직이는 두 개의 커다란 힘에 대해 다음과 같이 말했다.

운명과 인과의 법칙, 그 두 가지 커다란 원리는 모든 사람의 인생을 지배하고 있다. 우리의 인생이라는 '천'은 운명이라는 '날실'과 인과응보의 법칙이라는 '씨실'로 짜여져 있는 것이다. 인생이 운명대로 되지 않는 것은 인과의 법칙이 가진 힘이 작용하기 때문이다. 한편 좋은 행동이 반드시 금세 좋은 결과를 나타내지 않는 것은 거기에 운명이 간섭하고 있기 때문이다.

여기에서 중요한 것은 인생을 지배하는 이 두 가지 힘 사이에도 역학 관계가 작용하는데, 인과 법칙의 힘이 운명의 힘보다 약간 더 크다고 할 수 있다. 때문에 우리는 태어날 때부터 가진 운명조차도 인과의 법칙으로써 바꿀 수 있는 것이다.

즉 인간은 운명의 지배를 받는 한편, 자신의 좋은 생각과 좋은 행동으로 운명을 변화시킬 수 있는 존재임을 명심해야 한다.[11]

위 내용을 잘 나타내주는 또다른 우리 속담은 '아니 땐 굴뚝에 '연기 날까'가 있다. 즉 원인이 있으면 그에 따른 결과가 있다는 것이 바로 네잎클로버 제4법칙 인과의 법칙이다.

행·운·포·인·트

운명의 힘 〈 인과율의 힘

1. 에디슨의 천재적인 발명은 '무의식의 지혜'를 적극 활용했기에 가능했다.
2. 우리는 우리가 인식하지 못하는 무의식으로부터 지대한 영향을 받으며 살아간다.
3. 무의식은 의식과 다른 특성을 가지고 있다.
4. 같은 파동을 지닌 것들은 함께 진동하며 서로 끌어당긴다.
5. 우리의 의식적인 의도와 무의식적인 욕구가 일치할 때, 꿈을 이룰 수 있는 가능성을 높일 수 있다.
6. 우리가 의식적으로 초점을 맞추는 말과 생각보다 무의식적으로 초점을 맞추는 욕구와 믿음이 현실화될 가능성이 크다.
7. 운명의 힘 ＜ 인과율의 힘

1단계 행운의 다이어리

무의식이라는 말이 아직도 낯설게 느껴진다면 1단계에서 이해한 무의식과 네잎클로버 네 가지 법칙들에 대해 주변의 세 사람에게 설명해보자. 무의식과 네잎클로버 네 가지 법칙들에 대해 자신만의 언어로 세 사람에게 설명할 수 있을 정도가 된다면 여러분은 행운의 법칙 1단계를 통과했다고 할 수 있다.

설명한 사람	날짜	설명한 내용	깨달은 점
1.			
2.			
3.			

행운을 부르는 마법의 주문

　지금까지 1단계를 통해 무의식과 그 특징과 법칙 들에 대해 알아보았다. 1단계 행운 다이어리 과제에서 말했듯이 세 사람에게 자신만의 언어로 무의식을 설명할 수 있었다면 2단계를 배울 준비가 된 것이다.

　이번에는 행운의 법칙 2단계로 가보자. 2단계는 '씨앗의 비밀' 단계다. 2단계의 핵심은 한마디로 좋은 생각과 꿈을 좋은 말로 표현하라는 것이다. 우리 속담에 '말이 씨가 된다'는 말이 있다. 이번 단계에서는 우리가 너무나 잘 알고 있는 이 속담이 단순한 속담이 아니라 우리 삶에 큰 영향을 미치는 진리임을 구체적으로 설명하겠다.

　그리고 하나 더. 행운을 통해 꿈을 찾는 법에 대해서도 간단히 설명할 것이다. 보통 많은 사람들이 꿈을 가져라, 비전을 가져라 이야기하지만 이게 말처럼 쉬운 일이 아니다.

　"당신의 꿈은 무엇입니까? 당신이 정말 좋아하는 일이 뭐지요? 당신이 진정으로 원하는 것이 무엇인가요?"

　질문을 하기는 쉽지만 답하기는 그리 간단치가 않다는 사실은 당신도 살아오는 동안 경험해보아서 잘 알고 있을 것이다. 행운의 법칙 2단계를 즐겁게 읽으면서 당신만의 멋진 답을 찾기 바란다. Good Luck!

말이 씨가 된다

임사체험NDE: Near Death Experience이라는 말을 들어본 적이 있는가? 임사체험은 미국 정신과 의사 레이먼드 무디Raymond Moody가 만든 용어로 죽음의 문턱까지 가서 죽음 너머의 세계를 엿보고 기적적으로 살아 돌아온 사람들의 신비한 체험을 의미한다.

수술 후 임사체험을 경험하고 『그 빛에 감싸여』라는 책을 펴내 뉴욕타임스 베스트셀러 1위 작가가 된 베티 이디Betty Eadie는 임사체험 가운데 본 것 중 '말과 생각'에 대해 다음과 같이 말했다.

우리의 말과 생각에는 힘이 있다. 우리는 생각에 의해서 우리 자신의 환경을 창조하는 것이다. 우리 생각이 지닌 힘을 이해하게 되면 우리는 그 생각을 좀더 단단히 붙잡아두려고 할 것이다. 나는 이것이 사실임을 알았다. 나는 다른 에너지가 사람들을 에워싸는 것을 보았다. 또 한 사람의 말이 실제로 그 주변 에너지의 장에 영향을 미치는 것을 보았다.

바로 말 그 자체―즉 공기의 진동―가 한 유형 또는 다른 유형의 에너지를 끌어당긴다.

사람의 소원도 비슷한 효과를 낸다. 우리는 생각에 의해서 우리 자신의 환경을 창조한다. 물리적으로 보면 일정한 시간이 걸릴 수 있지만 영적인 차원에서 본다면 그것은 순식간이다. 만약 우리가 우리의 생각이 지닌 힘을 이해하게 되면 우리는 그 생각을 좀더 단단히 지키려 할 것이다. 또 우리가 하는 말에 얼마나 두려운 힘이 존재하는가 알게 된다면 부정적인 것이라면 거의 어느 것에든 입을 다물어버리는 쪽을 선호하게 될 것이다.

이와 같이 우리는 생각하고 말하는 가운데 자신의 강점과 약점을 만들어내고 있다. 우리의 한계도 기쁨도 우리의 마음속에서 시작한다. 긍정적인 에너지는 긍정적인 에너지끼리 모이고 부정적인 에너지는 부정적인 에너지를 끌어들인다는 것이다. 또한 우리가 누군가를 싫어하는 것은 그 사람 안에 우리가 싫어하는 자신의 어떤 모습이 있기 때문이다.[12]

앞서 설명한 네잎클로버 제1법칙 공명의 법칙을 기억할 것이다. 당신의 생각을 표현하는 말의 파동이 그와 비슷한 파동을 지닌 일들과 공명하며 실제로 그것들을 끌어당긴다. 결국 우리의 말이 바로 행운의 씨앗이라는 의미다.

행 · 운 · 포 · 인 · 트

말은 정말 씨가 된다.

바보도 천재로 만드는 말의 힘

이에 관련한 과학적 연구결과를 살펴보도록 하자.

서번트 신드롬 Savant Syndrome의 대명사, 일명 바보 천재로 불리는 핑 리안 Ping Lian은 심각한 자폐증을 앓고 있어, 일반적인 의사소통이 불가능하다. 하지만 그림으로 표현된 그의 색감과 예술감각은 매우 뛰어나서 초등학생 때부터 이미 세계적인 주목을 받아온 천재 화가다. 한 번도 그림을 배워본 적이 없는 핑 리안이 열한 살에 그린 그림은 우리 돈으로 3천만 원에 팔릴 정도로 높이 평가받고 있다.

서번트 신드롬 연구의 대가인 위스콘신 대학의 대럴드 트레퍼트 Darold Treffert 교수는 아이큐가 70에도 못 미치는 핑 리안의 놀라운 천재성의 비밀을 바로 그 어머니에서 찾고 있다. 핑 리안의 어머니는 매일 밤 아이에게 두뇌를 자극하는 음악을 들려주고 아이가 잠들어 있는 동안 계속 쓰다듬어주며 끊임없이 사랑한다고 말해주었다는 것이다. 무의식 중에 핑 리안에게 스며든 엄마의 사랑의 언어가 자폐증 소년 안의 천재성을 일깨워 세계를 놀라게 하는 화가가 되도록 한 것이다.

감성지능 EQ 이론으로 유명한 대니얼 골먼 Daniel Goleman 박사는 의식이 없는 환자에게 말을 하는 것이 어떤 효과를 나타내는지 알아보기 위해 특이한 실험을 했다. 수술이 예정된 환자들을 두 그룹으로 나누어 한 그룹에는 수술 후에 흔히 생길 수 있는 증상인 '소변 불능'이라는 합병증에 걸리지 않을 것이라는 암시의 말을 들려주었고, 대조군 환자에게는 아무런 말도 하지 않았다. 물론 의사가 그 말을 할 때 환자는 마취를 해서 의식이 없는 상태였다.

실험결과는 놀라웠다. 의사가 "당신은 수술 후에도 편안하게 소변을 볼 수 있을 것입니다"라는 말을 해준 환자 그룹에서는 '소변 불능' 증세를 보인 환자가 한 명도 나오지 않았지만 의사에게서 아무런 말도 듣지 못했던 환자 그룹에서는 절반 이상이 '소변 불능' 증세를 보였다. 무의식 상태에서 듣게 된 말 한마디가 몸 상태에 바로 영향을 미친다니 참 놀라운 일이다.

> **행 · 운 · 포 · 인 · 트**
> 무의식 중에 들은 작은 한마디도 우리에게 큰 영향을 미칠 수 있다.

인간이 만물의 영장인 이유

인간이 만물의 영장이 될 수 있었던 이유는 무엇일까? 두 발로 걸을 수 있어서? 손을 사용할 수 있어서? 두뇌의 크기가 상대적으로 커서? 여러 가지 주장이 있겠지만 인간만이 말로써 자신의 파동을 변화시킬 수 있는 존재라는 것에 주목할 필요가 있다.

필자의 인생을 가장 많이 바꾼 책 중 한 권을 뽑으라면 필자는 사이토 히토리 씨의 『1퍼센트 부자의 법칙』을 꼽는 데 주저하지 않는다. 사이토 히토리 씨는 1948년 도쿄 출생으로 화장품·건강식품을 판매하는 회사 '긴자마루칸'과 '일본한방연구소'의 창업자다. 일본에서 유일하게 1993년부터 2005년까지 12년간 '일본 사업소득 전국 고액 납세자 종합 순위' 10위 안에 들었다. 2003년에는 누계 납세자 일본 1위였는데 토지 매각이나 주식 등에 의한 고액 납세자가 많은 가운데, 납세액이 전부 사업소득일 뿐만 아니라 자신의 가장 중요한 성공요소를 행운이라고 주장하는 이색적인 존재로 주목받고 있으면서도 언론에 절대 나타나지 않는 신비로운 괴짜 CEO다.

행운 부자로 알려진 사이토 히토리 씨는 스스로 파동을 바꿀 수 있는 것은 인간뿐이라고 주장한다. 동물이나 식물 혹은 광물은 자신들의 파동을 스스로 바꿀 수 없지만, 인간은 자기 자신의 파동을 어떤 파동으로든지 자유롭게 바꿀 수 있다는 말이다. 즉 개는 개의 파동을, 장미는 장미의 파동을, 다이아몬드는 다이아몬드의 파동을 지닐 뿐이지만, 인간은 자신의 파동을 어떤 방식으로든 바꿀 수 있다는 것이다.

특히 인간의 말은 강력하고 신비한 영향력을 가지고 있다고 한다. 연주하는 사람이 같다고 하더라도 악기가 바뀌면 소리가 바뀌는 것처럼, 말하는 사람이 같더라도 말투가 변하면 파동이 변한다고 한다. 불안하거나 우울할 때, "괜찮아, 난 운이 좋아"라고 한다면, 이 말의 힘으로 인해 우울한 감정은 누그러든다. 즉 자신의 감정 상태가 좋지 않아도 긍정적인 말을 하면, 그 말의 파동에 의해 자기 자신의 파장을 긍정적으로 변화시킬 수 있다는 것이다.

이와 반대로 아무리 행복하더라도 "짜증나" "피곤해" 같은 부정적인 말을 내뱉으면 자신의 파동 또한 마이너스로 바뀌어버린다고 한다. 따라서 자신의 파동을 바꾸는 가장 간단한 방법은 바로 언어 습관을 바꾸는 것이라고 한다.[13]

평소에 무의식적으로 입에 올리는 말이 우리에게 이처럼 큰 영향을 준다니 놀라운 일이다.

말의 중요성을 이해하기 위해 잘 알려진 과학 원리를 적용하여 생각해보자. 물리학의 기본 법칙인 에너지 보존의 법칙은 에너지의 형태가 바뀌거나 한 물체에서 다른 물체로 에너지가 옮겨가도 전체 에너지 총량은 항상 변하지 않는다는 법칙이다. 이 법칙을 인간의 발화에 적용해 생각해보면, 우리가 내뱉은 말에 의해 생긴 에너지도 에너지 보존 법칙에 의해 사라지지 않고 보존된다.

이와 같이 말의 영향력은 참으로 엄청나다. 따라서 우리가 말의 힘을 제대로 인식하고 긍정적인 방향으로 지혜롭게 활용할 수 있다면 우리 삶에 멋진 행운을 끌어들일 수 있다는 의미가 된다.

헬렌 켈러의 성공비결

우리는 살면서 부정적인 말을 과연 몇 번이나 듣게 될까?

일본 아마존 종합 베스트셀러 1위 『당신의 소중한 꿈을 이루는 보물지도』의 저자 모치즈키 도시타카는 다음과 같이 이야기한다.

사람들은 태어나서 성인이 될 때까지의 20년 동안 보통의 가정에서 14만 번 이상의 부정적, 소극적, 파괴적인 메시지를 샤워기의 물처럼 받고 삽니다. 즉 하루 평균 20회 정도 듣는 이런 메시지들은 어느새 그 사람의 말하는 습관, 버릇, 사고 습관이 돼버립니다.

그 결과 18만 번 이상의 생각과 사고가 빠르게 머릿속을 지나가게 되고, 대부분 자동적으로 프로그램화되면서 결국 부정적이고 소극적인 일에 지배당하는 사람들이 늘어나게 됩니다.[14]

행동심리학자들의 추정에 따르면, 우리 머릿속에는 어릴 적 어른들로부터 주입받은 말들이 끊임없이 반복 재생되는 테이프처럼 돌아가고 있는데, 이를 검사하는 데도 자그마치 2만 5천 시간이 걸린다고 한다.

또 한 연구에 의하면 초등학생이 성공적으로 과제를 수행하도록 북돋아주기 위해서는 비난하거나 비판하는 말보다 칭찬하는 말을 4배 더 많이 해줘야 하며, 좋은 습관을 지니도록 하려면 8배의 칭찬이 필요하다고 한다. 하지만 불행히도 현대인은 하루 1번의 칭찬에 20~30번의 비판을 받으며 살아가고 있다.

결국 어린 시절부터 끊임없이 들어온 하루 20~30번에 달하는 부정적인 말들이 우리의 생각과 사고의 습관을 형성하게 되고 이로 말미암아 우리는 평생 부정적인 사고에 사로잡혀 살게 되는 것이다. 우리 속담에도 '세 살 버릇 여든까지 간다'는 말이 있지 않은가.

이렇게 계속 부정적인 말들에 지속적으로 노출되면 우리 몸은 부정적인 영향을 받게 된다. 이를 의학적으로 증명한 연구결과가 있다. 캘리포니아 대학 건강심리학 교수 마거릿 케메니^{Margaret Kemeny}는 연극배우가 부정적인 말과 생각을 반복적으로 하는 악당의 역할을 마치고 난 후 혈액을 분석해보았는데, 실제 악역을 연기했던 배우의 혈액에서 나쁜 스트레스 호르몬이 증가한다는 사실을 발견했다.[15]

이와 같이 강력한 말의 힘을 지금 당장 확인해보고 싶다면 먼저 자신의 몸 상태를 잘 살핀 후 얼굴을 찡그리며 열 번 이상 "짜증나!"라고 말하고 마음과 신체의 반응을 살펴보라. 단 열 번의 말로도 실제적인 변화를 느낄 수 있을 것이다.

이번에는 칭찬의 힘에 대해 알아보도록 하자. 헬렌 켈러는 열병으로 인해 생후 19개월 만에 장님에 귀머거리, 벙어리가 되었지만 하버드 대학 래드클리프 칼리지를 우등으로 졸업했다.

그녀의 놀라운 정신력과 이를 바탕으로 한 탁월한 성취는 장애인들에게 희망을 주었으며 작가이자 사회사업가로 그 이름을 역사에 길이 남겼다. 과연 헬런 켈러의 놀라운 성공비결은 무엇이었을까? 그것은 다름 아닌 바로 칭찬의 힘이었다.

헬렌 켈러라는 이름과 떼어놓을 수 없는 위대한 교사 설리번은 열 살부터 남동생과 함께 고아원에서 자랐다. 그녀는 학대와 고통 속에 성장했을 뿐만 아니라 남동생을 먼저 떠나보내는 비극을 겪었다. 엎친 데 덮친 격으로 눈병에 걸려 실명 직전까지 가기도 했다. 하지만 설리번은 낙망하지 않았고 이를 오히려 더 큰 사랑으로 승화시켜 평생 헬렌 켈러를 위해 헌신적으로 봉사하며 살았다. 이러한 설리번 선생님의 사랑을 듬뿍 받고 성장한 헬렌 켈러는 스스로 자신에 대해 칭찬하는 말을 무려 3천 가지나 찾아낼 수 있었다고 한다.

비록 입으로 하는 말은 못 알아들었겠지만, 설리번 선생님이

온몸으로 전해주었던 칭찬의 말이 헬렌 켈러를 이토록 긍정적이
고 뛰어난 사람으로 성장하게 한 것이다.

칭찬에 관한 연구 중 '가트맨 비율'이라는 것이 있다. 오랜 기
간 부부들을 연구하여 행복한 부부 사이의 가장 바람직한 상호
관계 비율을 찾아낸 워싱턴 대학의 존 가트맨John Gottman 박사의
이름을 딴 용어다. 이 비율에 따르면 행복한 결혼생활을 유지하
는 부부는 부정적인 말에 비해 긍정적인 말을 최소 5배 이상 많
이 한다고 한다. 이 비율은 다른 유형의 관계들과 비교해보면 조
금씩 차이가 있는데, 그것은 아래와 같다.[16]

관계	긍정 VS 부정
부모 VS 어린 자녀	3 : 1
상사 VS 부하 직원	4 : 1
배우자 VS 배우자	5 : 1
친구 VS 친구	8 : 1
리틀리그 코치 VS 아이들	10 : 1
점원 VS 고객	20 : 1
부모 VS 장성한 자녀	100 : 1
본인 VS 시어머니 또는 장모	1000 : 1

표에 따르면 부모와 어린 자녀가 바람직한 관계를 유지하기 위

해서는 긍정적인 말을 부정적인 말보다 3배 더 많이 해야 한다. 고부간의 평온을 유지하기 위해서는 긍정적인 말을 천 배나 더 많이 해야 한다. 하지만 현실에서는 부정적인 말을 훨씬 많이 하기 때문에 아주 작은 문제만 생겨도 큰 갈등을 겪게 되는 것이다.

이번에는 칭찬의 힘을 직접 몸으로 느껴보자. 지금부터 미소를 짓고 열 번 "행복해, 나는 지금의 내가 참 좋아" 혹은 그냥 짧게 "행복해!"라고 말하고 마음과 몸의 반응을 살펴보자. 단지 열 번을 말했을 뿐인데 심신에 행복감이 깃드는 것을 느낄 수 있을 것이다.

> **행 · 운 · 포 · 인 · 트**
>
> 우리가 일상에서 무의식적으로 반복하는 말이 우리 인생을 결정한다.

행운을 부르는 네잎클로버 주문

행운을 부를 수 있는 말들에는 어떤 것들이 있을까? 행운을 부르는 대표적인 말은 다음과 같다.

"행복해."
"할 수 있어."

“풍족해.”

“감사해.”

이해를 돕기 위해 낚시꾼들이 물고기를 잡는 것에 비유해보겠다.

“행복해”라는 말은 낚시꾼이 물고기를 유인하기 위해 뿌리는 미끼나 떡밥 같은 효과를 지닌다. “행복해”라는 말에 이끌려 행운이라는 물고기가 모여드는 것이다.

다음에 해야 하는 말은 “할 수 있어”다. 이 말은 행운의 물고기를 낚아올릴 수 있는 낚싯바늘에 해당한다. 기회가 찾아왔을 때, “할 수 있습니다!”라고 말하며 적극적인 자세로 임해야 다가온 행운을 잡아올릴 수 있다.

“풍족해”라는 말은 낚아올린 물고기를 요리할 수 있는 조리기구 역할을 한다. 칼이나 냄비 같은 조리기구가 있어야 실제 물고기를 요리해서 맛있게 먹고 이를 영양분으로 흡수해서 우리의 피와 살로 만들 수 있다. 즉 “풍족해”라는 말은 잡은 기회를 잘 활용할 수 있도록 자원과 도움을 끌어들이는 말이다.

“감사해”는 낚시꾼들이 물고기들을 잡은 뒤 작은 물고기들이나 산란기 물고기들을 바다로 돌려보내는 작업에 비유할 수 있다. 더 큰 행운이 찾아올 수 있도록 감사의 마음으로 행운의 씨앗들을 뿌리는 것이다. 행운 부자 사이토 히토리 씨는 언제나 “정말 고마운 세상이야”라는 말을 입버릇처럼 달고 산다고 한다.

어떤 독자들은 마음이 안 따라오는데 말만 해서 되겠냐는 의문이 생기기도 할 것이다. 하지만 앞에서도 살펴보았다시피 말에는 강력한 힘이 있기 때문에, 입버릇처럼 긍정적인 말을 지속해서 반복하다보면 어느덧 말을 따라오고 있는 마음을 발견하게 된다. 갑자기 마음을 바꾸기는 어려운 일이기 때문에 상대적으로 쉽게 바꿀 수 있는 말을 먼저 바꾸는 것이다. 결국 마음은 말을 따라오게 되어 있다.

하지만 행운의 주문이나 자신이 이루고 싶은 꿈을 말할 때 꼭 지켜야 할 것이 있다.

첫째, 부정어가 아닌 긍정어로 말해야 한다. 네잎클로버 제3법칙 초점의 법칙에 따라 "나는 절대 실패하고 싶지 않아"라고 말하면 우리는 무의식적으로 성공보다는 오히려 실패에 초점을 맞추게 된다. 따라서 "나는 멋지게 성공할 거야"라고 긍정어로 표현하여 성공에 초점을 맞춰야 한다는 의미다.

둘째, 이미 꿈을 이룬 것처럼 말하면 더욱 효과적이다. 만약 세계 일주가 꿈이라면 "세계 여행을 하고 싶어"라고 말하기보다는 "세계 여행을 할 수 있게 되어서 참 감사해"라는 식으로 말하는 것이 효과가 크다. 이루어지지도 않은 꿈을 이루어진 것처럼 말하는 것이 부담스럽다면 "세계 여행을 하고 싶은 나의 꿈은 점점 이루어져가고 있다"와 같이 현재진행형으로 표현한다. 그래야 네잎클로버 제2법칙 '저항의 법칙'에 의해 발생되는 무의식적인 저항을 피할 수 있다.

부정적인 생각 극복하기

긍정적인 말을 하고 싶은데, 자꾸 부정적인 생각이 떠오를 때
는 어떻게 해야 할까? 부정적인 생각을 떠올리지 않으려고 노력
하면 될까? 이에 관한 재미있는 이야기 한 편을 소개해보도록 하
겠다.

어떤 스승에게 많은 제자들이 있었다. 그런데 유독 한 제자가
다른 제자들보다 특별한 섬김으로 스승을 모셨다. 그러나 스승은
그것이 진심에서 나온 것이 아님을 간파하고 있었다. 그래서 하
루는 그 제자를 불러 다음과 같이 일렀다.

"솔직히 말해보라. 나는 알고 있다. 나는 네가 진리를 찾기보
다 어떤 이익을 추구하고 있다는 것을 잘 알고 있다. 그렇기 때문
에 너의 모든 행동에는 진실과 성실과 순수가 묻어 있지 않았다.

자신의 숨겨진 욕망을 감추고 생활하기가 얼마나 힘들었는가? 이제 더이상 자신을 괴롭히지 말고 솔직히 말하라.”

자신의 속마음을 들킨 제자는 흠칫 놀랐지만 곧 마음을 수습하고 다음과 같이 솔직하게 말했다.

“사실은 스승님에게 금을 만들어내는 비법이 있다는 소문을 듣고 제자가 된 것입니다. 그것을 저에게 가르쳐주십시오.”

“왜 빨리 말하지 않았느냐? 자신이 아닌 모습으로 사느라고 얼마나 힘들었느냐. 그동안의 노고를 생각해서 가르쳐주마.”

스승은 희한한 주문을 제자에게 가르쳐준 후 이렇게 말했다.

“이 주문을 외우면 금을 얻게 될 것이다. 단 조심할 것이 있는데 주문을 외우기 전에 반드시 목욕을 하고 절대로 원숭이 엉덩이에 대해서는 생각하지 말거라.”

제자는 이 말을 듣고 속으로 생각했다.

‘내가 뭐하러 평생 생각해본 적도 없는 원숭이 엉덩이를 생각한단 말인가?’

그래서 제자는 재빠르게 대답했다.

“알았습니다. 반드시 목욕을 하고 절대로 원숭이 엉덩이를 생각하지 않겠습니다.”

스승으로부터 금을 만드는 비법을 받은 제자는 금덩이를 얻을 욕심에 감사하다는 인사도 없이 집으로 달려갔다. 그는 집에 들어가자마자 욕실에 들어가 목욕을 하였다.

그다음에는 무엇을 할 차례일까? 그렇다. 절대로 원숭이 엉덩이를 생각하지 말아야 할 차례다. 그런데 신기한 것은 절대로 원숭이 엉덩이를 생각하지 않으려고 하면 할수록 자꾸 원숭이 엉덩이가 생각난다는 것이었다. 아무리 그 생각을 뿌리치려 해도 원숭이 엉덩이는 그의 생각을 사로잡았다. 생각하지 않으려고 하면 할수록 세상의 온갖 원숭이 엉덩이가 욕실 안에 떠다니는 것 같았다. 개코원숭이 엉덩이, 날다람쥐원숭이 엉덩이, 긴팔원숭이 엉덩이, 침팬지 엉덩이, 오랑우탄 엉덩이……

그는 견딜 수가 없었다. 정신병에 걸릴 것 같았다. 제자는 곧바로 스승에게 뛰어가 금을 얻지 않아도 좋으니 제발 원숭이 엉덩이를 없앨 방법을 가르쳐달라고 애원했다.[17]

이 이야기처럼 우리의 두뇌 특성상 부정적인 생각을 떨쳐버리려고 노력하는 것은 그다지 도움이 되지 않으며 오히려 역효과를 불러온다. 우리가 어떤 생각을 억제하려고 노력할수록 우리는 그 생각에 더 집착하게 된다. 이는 앞의 1단계에서 소개한 네잎클로버 제3법칙 초점의 법칙과 관련이 있다. 이 법칙의 특징을 잘 보여주는 과학적 연구를 살펴보자.

1980년대 중반 하버드 대학의 심리학자 대니얼 웨그너[Daniel Wegner]는 도스토옙스키의 「겨울에 쓴 여름 유럽 인상기」에서 흥미로운 구절을 발견했다. "이것을 직접 한번 시험해보라. 북극곰을 생각하지 않으려고 노력해보라. 그 생각을 떨치려고 애쓸수록 북극곰이 계속해서 생각날 것이다." 웨그너는 정말 그런지 간단한 실험을 해보기로 했다. 실험에 자원한 사람들을 한 사람씩 방 안에 혼자 앉아 있게 한 뒤, 무엇을 생각해도 좋지만, 도스토옙스키의 북극곰만은 생각하지 말라고 했다. 그리고 금지한 북극곰이 마음속에 떠오를 때마다 벨을 누르라고 지시했다. 얼마 지나지 않아 벨소리가 계속 울렸고, 도스토옙스키의 주장이 옳다는 것이 입증되었다.[18]

관련된 연구를 한 가지 더 살펴보자.

　뉴욕에 있는 해밀턴 대학의 제니퍼 보턴Jennifer Borton과 엘리자베스 케이시Elizabeth Casey가 실행한 연구는 그 효과가 사람의 기분과 자존감에 어떤 영향을 미치는지 극적으로 보여주었다. 보턴과 케이시는 실험 참여자들에게 자신에 대해 가장 기분 나쁜 생각을 이야기해보라고 한 뒤, 그중 절반의 사람들에게는 그다음 11일 동안 그 생각을 마음속에서 몰아내도록 노력하라고 했다. 나머지 절반은 평소와 다름없이 생활하게 했다. 하루가 저물 때마다 각자 기분 나쁜 생각을 떠올린 시간과 정도를 기록하고, 자신의 기분과 불안 수준, 자존감을 평가하게 했다. 그 결과는 위의 웨그너의 '북극곰' 실험결과와 비슷했는데, 부정적인 생각을 적극적으로 억누르려 한 집단이 실제로는 그것에 대해 더 많이 생각했다. 평소처럼 자연스럽게 생활한 집단에 비해 그 생각을 억제하려고 노력한 집단은 불안이 더 심했고, 더 우울했으며, 자존감도 더 낮았다. 그후 20년 이상의 연구를 통해 이 역설적인 현상이 일상생활의 많은 측면에서 나타난다는 것이 밝혀졌다. 예를 들어 다이어트를 하는 사람에게 아이스크림 생각을 하지 말라고 하면 오히려 아이스크림을 더 많이 먹는 결과가 나타난다.[19]

위 연구결과들은 어떤 생각을 억제하려고 노력하면 할수록 우리는 그 생각에 더 집착하게 됨을 잘 보여준다.

부정적인 생각을 극복하기 위해서 생각을 억제하는 게 정답이 아니라면 어떻게 해야 할까? 성인이 되어도 뇌세포가 성장한다는 사실을 밝혀 화제를 낳은 일본의 뇌과학자 히사쓰네 다쓰히로久恒辰博 박사의 말에 따르면 인간의 뇌는 두 가지 일을 동시에 처리하는 능력이 약하다고 한다. 즉, 우리의 의식은 긍정적이든 부정적이든 한 번에 한 가지 생각밖에 할 수 없다는 뜻이다.

이러한 두뇌의 특징을 활용해서, 우리는 어떤 생각을 할 것인지 선택할 수 있다. 마치 리모컨으로 TV 채널을 바꾸듯이 부정적인 생각이 떠오를 때, 긍정적인 기억과 생각을 떠올리고 이에 초점을 맞추기 시작하면 부정적인 기억은 자연히 밀려나게 된다.

부정적인 생각을 긍정적인 생각으로 대체해서 부정적인 감정을 제어하는 것이다.

부정적인 생각을 극복하기 위한 방법으로 주의를 딴 데로 돌리는 것은 좋은 방법이다. 친한 친구와 대화를 나누거나, 좋아하는 운동을 하거나, 자연을 즐기러 야외에 나가거나, 음악회나 미술 전시회에 가거나, 가족과 함께 시간을 보내거나, 새로운 취미 활동을 시작해보는 것이다. 하지만 이 방법들은 단기적으로는 효과를 볼 수 있지만, 장기적으로는 만족감을 얻기 어려운 경우가 많다. 연구자들에 따르면 감사일기 쓰기, 작은 친절 실천하기 등이 지속적이고 장기적인 효과가 있다고 한다. 즉 부정적인 생각을 극복하기 위해서는 네잎클로버 제3법칙 초점의 법칙을 활용하면 되는 것이다.

> **행 · 운 · 포 · 인 · 트**
>
> 부정적인 생각을 극복하는 방법은
> 긍정적인 생각에 초점을 맞추는 것이다.

말이 씨가 되듯, 우리의 꿈도 행복한 성공을 위한 씨앗이 된다. 하지만 대답하기 쉬워 보이면서도 결코 쉽지 않은 질문은 아마 다음 질문들일 것이다.

"당신의 꿈은 무엇입니까?"
"당신이 진정 원하는 것은 무엇입니까?"
"어떤 사람이 되고 싶습니까?"

지금까지 보아왔듯이 말에는 큰 힘이 있다. 따라서 꿈을 이루기 위해서는 좋은 말로 자신의 꿈을 표현해야 한다. 하지만 자신의 꿈을 잘 모른다면? 자신의 꿈을 표현할 수 있는 좋은 말을 모른다면 어떻게 해야 할까? 아이들이나 청소년들에게 "넌 커서 뭐가 될래?"라고 물어도 대부분의 아이들은 제대로 대답하지 못한다. 기껏해야 "빌 게이츠 같은 부자가 될 거야" "박지성처럼 뛰어난 축구선수가 될 거야" "싸이처럼 세계적인 가수가 될 거야" 이런 대답이 돌아올 확률이 높다.

이러한 현상은 매우 당연하다. 왜냐하면 아이들은 세상에 어떤 직업과 어떤 일이 존재하는지 제대로 알지 못하기 때문이다. 그렇다면 성인이 된 우리가 앞의 질문을 받는다면 제대로 답할 수 있을까?

슬프지만 우리나라의 입시 위주의 진로 지도와 직업 세계에 대한 정보 부재로 인해 성인이 된 우리조차도 아이들과 별다른 대답을 하지 못할 것이다. 그리고 성인이 되어 알게 된 서글픈 현실은 자신만의 꿈과 커리어를 열심히 계획하더라도 인생이 그 계획대로 풀리지 않는 경우가 더 많다는 것이다. 게다가 자신의 꿈이 무엇인지 알았다 하더라도, '과연 이걸로 먹고살 수는 있을까? 남들은 어떻게 생각할까?' 하고 두려워하느라 '나는 어떻게 살고 싶은가?'라는 중요한 질문은 잊고, 눈앞에 닥친 삶에 급급해하며, 아침에 일어나 밥 먹고 일하고 다시 저녁을 맞는 일상을 반복한다. 그러다가 그냥 그렇게 '인생이 다 그렇고 그런 거지' 하고 자신을 위안하며 살아가는 경우가 비일비재하다.

그렇다면 어떻게 해야 우리의 꿈을 찾고, 진로를 계획할 수 있을까? 그 답은 역시 행운에 있다! 피터 드러커Peter Drucker와 더불어 현대적 경영기법의 창시자로 불리는 톰 피터스Tom Peters는 다음과 같이 말한다.

"나는 커리어 플래닝이라는 개념이 도무지 마음에 들지 않는다. 나는 지금까지 어떤 경력 개발의 법칙도 가져본 적이 없고 계획도 세워본 적이 없다. 다만 행운이 다가왔을 때 그 행운을 활용했을 뿐이다. 모든 일의 98퍼센트는 운이 좌우한다."

미국상담학회의 '살아 있는 전설'로 불리는 스탠퍼드 대학의 존 크럼볼츠John Krumboltz 교수는 비즈니스, 스포츠, 과학, 예술, 정치 등 다양한 분야에서 사회적 성공을 이루고 개인적으로도 행복한 삶을 누리고 있는 사람들을 조사했다. 조사결과, 그들이 큰 고비에 직면했거나 인생의 전환점을 맞이했을 때 이를 헤쳐나갈 수 있었던 요인의 80퍼센트는 전혀 생각지도 못했던 우연한 사건과 만남이었다고 한다.

그는 이 연구를 기반으로 '계획된 우발성Planned Happentance'이라는 새로운 진로 이론을 제안하는데 이를 간단히 소개하면 다음과 같다.

1. 우리 삶에 일어나는 모든 사건이나 만남에는 의미가 있다.
2. 우리는 더 많은 기회를 얻기 위해 행운을 활용할 수 있다.
3. 행운은 우리가 어떤 삶의 자세를 가지느냐에 따라 불러들일 수 있다.
4. 행운을 가져다주는 우연은 어느 정도 의도할 수 있고 계획적으로 빈도수를 높일 수도 있다. 이렇게 불러들인 행운은 이미 단순한 우연이 아닌 필연성을 가진다.[20]

존 크럼볼츠 교수도 꿈을 찾고 진로를 계획하는 데 행운이 중요하다고 역설한다. 행운의 법칙 7단계를 몸에 익히면 익힐수록, 여러분의 꿈에 다가갈 수 있는 멋진 기회들이 여러분 앞에 어느덧 성큼 다가올 것이다. 왜냐하면 숨겨진 보물섬 같은 무의식 속에 당신의 진짜 꿈이 숨겨져 있기 때문이다. 이 책에서 제시하는 행운의 7단계 법칙은 숨겨져 있는 진짜 꿈을 찾는 열쇠가 되어줄 것이다.

아직도 너무 막연한 소리로 들린다는 독자들을 위해 자신만의 꿈을 찾는 법에 대해 조금만 더 소개해보도록 하겠다. 자신의 꿈을 발견하는 비결은 의외로 매우 간단하다. 바로 '자신이 좋아하는 일을 하는 것'이다.

너무 평범한 답이라고 생각하는가? 그렇다면 다음 이야기들을 들어보도록 하자.

죽음은 어느 누구도 피할 수 없고 삶은 그리 길지 않다. 다른 사람들의 눈치를 보거나 그들의 이야기에 얽매여 '자신의 삶'이 아닌 '다른 사람의 삶'을 살면서 시간을 낭비하지 마라. 다른 사람들의 생각에 얽매이지 마라. 타인의 소리가 내면의 진정한 목소리를 방해하지 못하게 하라. 가장 중요한 것은 심장과 직관이 지시하는 대로 살아갈 수 있는 용기다. 당신의 심장과 직관은 당신이 진짜로 원하는 것이 무엇인지 이미 잘 알고 있다. 나머지는 다 부차적인 것이다. _ 스티브 잡스

우리는 이미 자신이 원하는 바를 분명히 알고 있다. 다만 그

사실을 인정하는 게 두려울 뿐이다. 자신이 원하는 바를 인정하는 순간, 그것을 얻고자 행동해야 한다. 그렇지 않으면, 행동하지 않는 이유에 대해 구차한 변명을 늘어놓아야 한다. 이것은 둘 다 우리를 불편하게 한다. 그래서 우리는 스스로에게 '난 아직 내가 원하는 것을 찾지 못했어'라고 거짓말을 한다. _ 브라이언 트레이시 (세계적인 비즈니스 컨설턴트)

나는 아침에 일어날 때면 너무나 흥분되어 밥조차 먹을 수 없을 때가 있다. 하루종일 정신없이 영화에 몰입하다가 하루가 저물어서 작업을 멈춰야 하는 것이 너무나 아쉬울 때도 많다. 심지어는 일이 너무 하고 싶어 해가 지지 않았으면 하는 바람을 가지기도 했다. _ 스티븐 스필버그

여러분과 나에게 차이가 있다면 그것은 나는 매일 아침 내가 하고 싶은 일을 할 수 있는 기회를 누리고 있다는 것이다. 그것도 하루도 빠짐없이 말이다. 돈보다 자신이 좋아하는 일을 해라. 진로를 선택할 때, 돈을 많이 벌어줄 것 같은 일을 하지 말고, 자신이 좋아하는 일을 해야 한다. 나는 운 좋게도 어릴 때 좋아하는 일을 발견했다. _ 워런 버핏

행복해지고 싶다면 좋은 느낌을 주는 일에 시간을 더 많이 투

세계적 성공을 거둔 위와 같은 대가들은 '좋아하는 일'을 하는 것이 인생의 성공비결이라고 입을 모아 이야기하고 있다. 좋아하는 일을 해야 한다는 것은 알겠는데, 정작 아직도 좋아하는 일이 뭔지 잘 모르겠다는 독자들이 있는가? 그러한 분들을 위해 조지 루카스George Lucas라는 희대의 영화감독에게 영감을 불러일으켜 〈스타워즈〉를 만들게 한 장본인이며 20세기 최고의 신화 해설가요, 비교신화학자였던 조지프 캠벨Joseph Campbell의 이야기를 소개한다. 조지프 캠벨은 가장 성공적인 인생을 살 수 있는 방법에 대해 다음과 같이 말했다.

당신의 내면 깊은 곳에서 솟아나는 기쁨을 따르라(Follow your bliss). 만일 당신 안의 기쁨을 따른다면, 당신은 언제나 당신을 기다리던 그 길을 걷고 있는 셈이다. 내면의 기쁨을 따르기로 마음먹을 때, 벽으로 둘러싸여 아무런 문도 없던 그곳에, 우주는 당신을 위한 문을 활짝 열어줄 것이다.[21]

조지프 캠벨은 내면의 기쁨을 따라 사는 열 가지 방법을 다음
과 같이 설명한다.

1. 당신의 삶에 대해 고요히 생각해볼 수 있는 곳을 찾아 당
   신만의 특별한 장소로 만들어라. 정기적으로 그곳으로 가서
   자신을 새롭게 재충전하라. 이곳이 바로 당신이 의미 있는
   삶을 창조할 수 있는 당신만의 장소다.

2. 당신의 가슴에 호소하는 책들을 모두 읽어라. 언제나 생각
   하고 읽고 성장하라.

3. 당신이 누구인지 발견하라. 당신의 시간을 당신이 사랑하는
   일을 하는 데 써라.

4. 결코 돈을 위한 목적으로 일하지 마라. 당신이 의미 없다고
   생각하는 일을 함으로써 돈을 번다면, 당신은 그 대가로 당
   신의 영혼을 팔고 있는 것이다.

5. 당신이 내면의 기쁨을 따르기 시작했다면, 온 마음과 힘을
   다하여 그것을 따르라. 담대하고 용감하게 내면의 기쁨을
   추구하라.

6. 비록 우리들이 모두 다른 성장 배경, 문화, 종교를 가지고
   있다고 하더라도 우리 모두는 저마다 소망과 꿈을 가진 연
   약한 존재라는 공통점으로 하나가 될 수 있다. 우주는 하나
   이며 우리는 그것의 번영에 대해 함께 책임을 져야 한다. 긍

휼의 마음을 가지고 당신의 이웃을 사랑하라.

7. 만약 당신이 당신 내면의 기쁨을 따르면, 우주는 당신을 위하여 길을 열어줄 것이다. 하지만 그 길이 언제나 평탄하리란 의미는 아니라는 사실을 명심하라.

8. 삶이란 환희와 비극으로 가득 차 있고, 그 자체로 완전하다. 당신이 대자연을 변화시킬 수 없듯이 당신이 세상의 모든 슬픔을 없앨 수는 없다. 하지만 당신에게는 당신의 삶을 변화시켜 원하는 삶을 창조할 수 있는 힘이 있다.

9. 당신의 삶에 고난이 찾아와 낙심하고 좌절할 때, 그 상황을 바꿀 수 있는 모든 것을 하라. 다른 누군가가 당신을 구원해주기 기다리지 마라. 오직 당신만이 자신을 구원할 수 있다.

10. 특별한 자신만의 삶을 살라. 그 어떤 것과도 타협하지 마라.[22]

조지프 캠벨 자신은 과연 내면의 기쁨을 따라 살았을까?

그렇다. 조지프 캠벨은 자기 내면의 기쁨을 충실하게 따랐다. 그는 박사학위가 자신에게 기쁨을 줄 수 없다고 판단하자 컬럼비아 대학 박사과정을 그만두고 숲속으로 들어갔다. 그는 4년 동안 숲속 작은 오두막에 살면서 가끔 돈을 벌기 위해 재즈 밴드의 색소폰 연주자로 일도 하며, 자신이 읽고 싶은 책들을 마음껏 읽었다. 조지프 캠벨은 오로지 자신의 내면이 지시하는 대로 하루를 보냈다. 독서와 산책과 사색이 그것이다. 특히 산책은 '사물들을 자세히 관찰하고 자신의 소명을 탐색하는 기회'였다. 읽고 싶은 책들을 거의 읽어가던 무렵 한 대학이 조지프 캠벨에게 교수 자리를 제안했고 캠벨은 강의를 하면서 자신의 관심사인 신화를 연구했다. 그후 30년 동안 신화 연구에 온전히 몰두했던 조지프 캠벨은 세계적인 신화학의 대가가 되었다.[23]

행·운·포·인·트

꿈을 찾고 싶은가? 내면의 기쁨을 따라 살아라! Follow Your Bliss!

1. 말은 정말 씨가 된다.

2. 무의식 중에 들은 작은 한마디도 우리에게 큰 영향을 미칠 수 있다.

3. 인간이 만물의 영장인 이유는 말로 자신의 파동을 바꿀 수 있는 유일한 존재이기 때문이다.

4. 우리가 일상에서 무의식적으로 반복하는 말이 우리 인생을 결정한다.

5. '행복해, 할 수 있어, 풍족해, 감사해'를 입버릇으로 만들어보자. 행복을 부르는 행운의 주문이다.

6. 부정적인 생각을 극복하는 방법은 긍정적인 생각에 초점을 맞추는 것이다

7. 꿈을 찾고 싶은가? 내면의 기쁨을 따라 살아라! Follow Your Bliss!

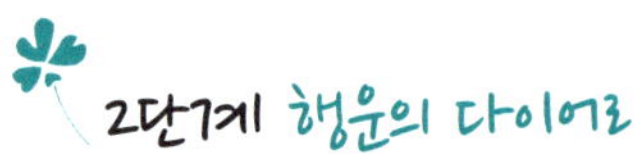

1. 자기도 모르게 무의식적으로 내뱉는 말들을 정리해보자.

무의식적으로 내뱉는 부정적인 말	무의식적으로 내뱉는 긍정적인 말
짜증나. 열받아. 귀찮아. 내가 그렇지 뭐.	괜찮아. 난 결국 잘될 거야. 어차피 이것도 지나갈 거야. 난 정말 운이 좋아.

2. 들었을 때 기분이 좋아지고 힘이 나는 나만의 네잎클로버 주문을 만들어보자.
가족이나 친구들로부터 어떤 칭찬을 들었을 때 가장 기분이 좋았는지 떠올려보자.

듣고 싶은 칭찬의 말	나만의 행운 주문
널 믿어. 네가 최고야. 넌 정말 멋져. 너는 할 수 있어.	난 정말 운이 좋아. 난 모든 면에서 점점 좋아지고 있어. 멋진 일들이 생길 거야. 행복해. 태어나길 정말 잘했어.

3. 진짜 원하는 것이 무엇인지 찾아보자. 어떤 생각, 감정이든 제한하거나 멈추지 말고 떠오르는 대로 적어보자.

진정으로 원하지 않는 것은?	진정으로 원하는 것은?
실패, 걱정, 두려움, 가난, 고통 등 나의 건강 나의 일 나의 가족 나의 인간관계 나의 성격과 정신적 성장 나의 취미 내가 갖고 싶은 것들	행복, 기쁨, 풍요, 사랑, 건강 등 나의 건강 나의 일 나의 가족 나의 인간관계 나의 성격과 정신적 성장 나의 취미 내가 갖고 싶은 것들

제 4 장

행운의 법칙 3단계 _
노력 없이 반복하라!

　행운 법칙 3단계는 '발아의 비밀' 단계다. 네잎클로버 씨앗에 꾸준히 물을 주고 보살펴줘야 발아가 되어 뿌리가 자란다. 마찬가지로 행운의 씨앗을 발아시키기 위해서는 자신의 꿈에 대한 말과 상상을 꾸준히 반복하는 것이 중요하다. 이것이 3단계의 핵심이다. 이루고 싶은 꿈을 날마다 반복해서 말하고 상상하다보면 어느 순간 믿음이 되고, 말과 상상이 믿음이 될 때 진정한 효과가 나타난다. 믿음이란 물과 양분을 흡수하여 네잎클로버를 튼튼하게 자라게 하는 뿌리와 같기 때문이다.

　새해를 맞이할 때나 새로운 책을 읽을 때면 언제나 마음이 고무되어 획기적인 계획을 세우고 의욕을 불태우다가도 정작 사흘을 넘기는 경우가 드물다. 필자 역시 마찬가지였다. 처음에는 기세 좋게 계획들을 실천하다가도 며칠 지나지 않아 밀려드는 게으름과 저항감에 무너져, 늦은 밤까지 TV나 영화를 보거나 밤새 오락을 하거나 인터넷을 정처 없이 떠돌거나 혹은 폭식으로 스트레스를 풀려고 했다. 하지만 이런 현실 도피적 행동은 언제나 스스로에 대해 실망하게 만들고, 자괴감에 빠지는 악순환을 초래했다. 작심삼일은커녕 하루, 심지어 한 시간도 채 지키지 못한 경우도 허다했고, 그럴 때마다 느끼는 비참한 심정은 이루 말로 할 수 없었다. 이런 일이 반복되는 것이 마치 저주에 걸린 것 같아서 '작심삼일의 저주'라고 이름 붙일 정도였다.

이번 행운의 법칙 3단계에서는 긍정적 말과 상상을 반복함으로써 형성되는 믿음의 힘과 '작심삼일의 저주'에서 탈출할 수 있는 비결에 대해 알아보도록 하겠다.

이번 3단계에서도 여러분에게 행운이 함께하길! Good Luck!

반드시 성공하는 천 번의 법칙

우리의 말이 행운을 부르는 씨앗이 되려면 과연 몇 번이나 말로 표현해야 할까?

행운 부자 사이토 히토리 씨는 말의 힘을 활용하는 '천 번의 법칙'을 다음과 같이 소개한다.

생각하는 것을 계속 말로 표현하면 반드시 이루어진다. 그렇다면 몇 번이나 표현해야 좋을까? 그 수는 천 번이다. '천'이라는 숫자에는 매우 중대한 의미가 깃들어 있다. 불가에서는 소원이 있을 때 기본적으로 천 배를 올린다. 이를 세 번 거듭하면 '3천 배'라고 하여 가장 정성이 깃든 행동으로 간주한다. 예로부터 '천'

이라는 숫자에는 묘한 힘이 깃들어 있다. 어떤 일이든 천 번을 되풀이하면 반드시 순조로운 방향으로 진행된다. 천 번의 법칙도 같은 의미다. 무슨 일이든 천 번을 반복하면 신이 힘을 빌려준다는 것이다.[24]

사이토 히토리 씨에 따르면 "나는 행복해"라는 말을 천 번 이상 말로 표현하면 그 시점부터 생각지도 못했던 기회가 찾아온다고 한다.

또 마음은 마치 물을 담는 컵과 같아서 일단 긍정적인 말로 가득 채워두면 설사 부정적인 말이 들어와도 긍정적인 말을 조금 보충해주면 금방 다시 깨끗해진다고 한다. 중요한 것은 일단 처음에 깨끗한 물, 즉 긍정적인 생각을 가득 채워놓는 것이다. 그리고 마음이라는 컵에 깨끗한 물을 채우는 방법이 바로 '천 번의 법칙'이다. 물론 쉽사리 믿기 힘들 수도 있다. 하지만 이 법칙을 충실하게 따른 사이토 히토리 씨의 제자 열 명은 모두 굉장한 부자가 되었다.

이번에는 '천 번의 법칙'을 실제 실험해본 미국의 한 심리학 교수 이야기를 살펴보자.

"우울증에 걸려본 적도 없는 내가 우울증에 걸린 사람의 기분을 알 리가 없다"며 몸소 우울하게 되는 방법을 찾아서 직접 체험까지 한 미국의 한 심리학과 교수님이 계셨다고 합니다. 오랜 시행착오를 거친 결과, 그 교수님은 마침내 우울하게 되는 간단한 방법을 발견했습니다. 어떤 것을 3개월간 계속해서 하면, 어떤 사람이라도 거의 틀림없이 우울하게 된다는 것을 알았답니다. 그 어떤 것이란 하루에 천 번씩 한숨을 쉬는 것. 하루에 천 번씩 한숨을 쉬는 일을 3개월간 계속하면, 거의 모든 사람이 우울증 상태에 빠진다고 합니다. 그 방법으로 그 교수님은 정말로 우울증 상태에 빠졌습니다. 우울증에 빠져서, 수업도 학회에도 모습을 나타내지 않았습니다. 학생들이 찾아갔을 때 교수님은 나른한 상태로 이렇게 말씀하셨답니다.

"학회 같은 곳에 나간들 무슨 의미가 있겠어?"

정말로 확실하게 우울증에 걸렸던 것입니다.[25]

천 번의 힘은 이토록 놀라운 것이다. 하지만 하루에 천 번씩 좋은 말을 하라고 한다면 1000이라는 숫자에 눌려서 자기도 모르게 바로 한숨이 나올 것이다. 그러니 처음에는 하루에 열 번부터 서서히 시작해보도록 하자. 천릿길도 한 걸음부터, 티끌 모아 태산인 법!

하루 열 번이면 한 달이면 3백 번, 세 달이면 9백 번, 네 달이면 천 번! 네 달 후 천 번이 넘으면 이제 편하게 가끔씩만 말해도 된다.

이와 같이 반복되는 말은 멋진 행운을 강하게 끌어당긴다. 자 지금 당장 한번 외쳐보자. 난 정말 운이 좋아!

행운의 주문을 위한 최고의 타이밍

행운의 주문이 최고의 효과를 발휘하려면 하루 중 언제 주문을 외는 것이 좋을까?

전문가들에 따르면 우리가 하는 말이 무의식에 효과적으로 전달되는 때가 바로 잠들 무렵과 잠에서 깰 무렵이라고 한다. 심신이 충분히 이완되어 있기 때문이다. 따라서 기상 직후 10~30분, 취침 직전 10~30분 동안이 행운의 주문을 외우기에 최고의 타이밍이다.

하지만 하루 백 번이나 천 번을 목표로 세운 사람이라면 잠들기 전에 주문을 외우다 밤을 꼴딱 지새울지도 모른다. 그런 사람들은 취침 전후가 아니어도 하루 중 언제라도 긴장을 풀고 편안하게 혼잣말로 중얼거리면 된다. 편안하게 긴장을 풀고 자기 자신에게 몰입할 수 있는 시간을 찾아보자. 마치 에디슨이 무의식의 지혜를 활용하기 위해 자주 낮잠을 즐겼듯이 말이다.

물론 물리적인 시간도 중요하지만 좀더 적극적으로 긍정적인 말을 해야 하는 상황과 시기가 있다. 보통 우리의 상식과는 다르게, 감사와 행복을 표현하는 행운의 주문이 가장 필요할 때는 어려움에 처했을 때다. 모든 일이 잘 풀리고 행복할 때 행복하다, 감사하다고 말하는 것은 마치 대낮에 촛불을 켜는 것이나 마찬가지다. 반대로 어려운 일을 당했을 때 행복과 감사의 말을 하는 것은 캄캄한 밤에 촛불을 켜는 것과 같다. 그렇기 때문에 살면서 힘든 일을 겪고 절망적인 상황에 처했을 때 더욱더 적극적으로 감사해, 행복해, 난 정말 운이 좋아 같은 말들을 해야 할 필요가 있다. 대낮에는 촛불이 별로 필요 없지만, 어두운 밤에는 그 빛이 너무나 절실하기 때문이다.

자, 지금 이 글을 읽는 독자들, 그리고 어려움을 만나 낙심하고 있는 독자들이 있다면 지금 당장 "난 정말 운이 좋아!"라고 말해보자. 지금 이 순간이 행운의 주문을 외는 최적의 타이밍이다!

행 · 운 · 포 · 인 · 트

잠들기 전과 일어난 직후에 하는 말과 생각이 중요하다.
긍정적인 말은 어려운 일을 겪을 때 더욱 필요하다.

"이제껏 뭐 하나 꾸준히 해본 적이 없어요. 여러 번 시도해봤지만 늘 실패했어요."

"저는 항상 일을 미뤄요. 왜 그런지 저도 잘 모르겠어요."

"뭘 해도 언제나 작심삼일이에요. 나 자신에게 너무 실망을 해서 이젠 뭘 새롭게 해보려는 마음도 안 들어요."

주변을 둘러보면 자신의 의지박약에 실망하고 자책하는 사람들을 쉽게 볼 수 있다. 하지만 그런 자책은 이제 접어두자. 작심삼일의 주범은 나약한 의지나 게으름이 아니기 때문이다.

그렇다면 도대체 우리를 매번 좌절시키는 '작심삼일'의 주범은 무엇일까? 신경의학자들에 따르면 인류는 끊임없는 생명의 위협 속에서 생존하기 위해 수천 년에 걸쳐 부정적인 메시지를 확대하고 긍정적인 메시지를 축소하는 성향을 발전시켜왔다고 한다.

태곳적부터 인류 생존을 위해 발달해온 이 '망상활성화 체계RAS, Reticular Activating System'로부터 발생하는 강력한 저항감이 바로 작심삼일의 원인이다. 이 시스템의 목표는 우리 자신을 안전하게 지키는 것이기 때문에, 새로운 변화를 시도할 때는 오히려 큰 장벽으로 작용하는 것이다.

그렇다면 인류가 생존을 위해 발전시켜온 이 강력한 저항감을 어떻게 극복할 수 있을까? 미국의 전문 카운슬러인 바버라 셔 Barbara Sher는 이 저항감을 극복하기 위한 전략을 다음과 같이 소개한다.

첫째, 최소한의 분량을 실행하는 것입니다. 즉 저항감이 들지 않을 정도의 최소 분량을 찾아 변화를 시도하는 것입니다. 그것은 30초가 될 수도 혹은 15분이 될 수도 있습니다.

우리의 많은 노력들이 작심삼일로 돌아가는 주된 이유는 한꺼번에 많은 변화를 시도하려고 하기 때문입니다. 이것은 저항감의 귀에 "비상 비상, 서둘러 일어나서 저항해!"라고 경계경보를 울리는 것과 같은 효과를 내고 맙니다.

따라서 저항감의 레이더에 걸리지 않을 정도로 일말의 의심도 없이 기쁜 마음으로 기꺼이 행할 수 있는 적은 분량을 찾아내야 하는 것입니다. 저항감의 레이더에 걸리지 않을 만큼 적은 분량이란 몇 초 동안 몸을 움직여 근육의 긴장을 푸는 정도거나 피아노 건반을 딩동댕 하고 잠깐 두들기거나 교과서를 들고 공부할 페이지를 열었다가 바로 책상에 내려놓는 정도를 의미합니다. "어! 이 정도는 괜찮네, 지금 당장이라도 할 수 있겠어!"라는 반응이 나오면 당신은 시작하기에 적당한 분량을 찾은 것입니다.

두번째 전략은 최소 분량마저도 할 의욕이 없을 때는, 과감하게 저항감과 같은 편이 되는 것입니다. 바로 우리가 먼저 거부하며 주도해나가는 것입니다. 저항감이 최소 분량도 하지 못하게 막는다면 맞붙어 주도권 쟁탈전을 벌이거나, 자존심을 달래려고 잠을 자거나 냉장고로 달려가서 단 음식을 꺼내먹을 일은 아닙니다. 차라리 벌떡 일어서서 오늘 최소 분량마저 안 하겠다(!)고 선포하는 것입니다. 즉 하기 '싫다'고 분명히 의사를 표명하는 것입니다. 이것은 매우 중요한 일입니다. 여러분이 주체가 되어야만 저항감의 늪 속으로 깊숙이 빠져들지 않고 활짝 깬 정신으로 활발히 살아 움직이는 상태를 유지할 수 있는 것입니다. 최소한의 분량의 노력도 안 하기를 여러 날 동안 할 만큼 하다보면 어느 날 다시 시작하고 있는 여러분 자신을 발견하게 될 것입니다.

세번째 전략은 저항감을 통해 얻는 유익을 판단하는 것입니다. 의식적인 눈에는 어떤 습관이 파괴적으로 보인다 할지라도 잘 살펴보면 어떤 무의식적인 유익이 분명히 존재합니다. 예를 들어, 과식이 좋지 않은 줄 알면서도 음식이 주는 포만감 속에서 감정적 위안과 안정이라는 무의식적 유익을 얻고 있는 경우는 이로 인한 저항감이 강력하기 때문에, 우리의 부정적인 습관 뒤에 숨어 있는 무의식적 유익들을 잘 살피고, 그 무의식적 욕구들을 채울 수 있는 대안적 방법들을 찾음으로써 무의식으로부터의 저항감을 줄여야 합니다.

네번째 전략은 저항감을 우군으로 만드는 것입니다. 어떤 날은 최소한의 분량을 실행에 옮기는 것을 잊게 되는 날이 있습니다. 이 또한 저항감의 간교한 술책인데, 이를 극복하기 위해서는 최소 분량의 노력을 해야 함을 상기시켜줄 수 있는 특별한 표시들(예를 들어 포스트잇을 붙이는 등)을 집 안 곳곳에 설치해놓고 그러한 표시들을 보는 순간 바로 다시 시작하는 것입니다. 단 30초, 5분이라도 말이지요. 그렇게 지속적으로 반복해나가다보면 어느새 저항감은 좋은 습관이라는 더 큰 힘에 무릎을 꿇고, 오히려 원상태로 돌아가려는 타성의 힘에 저항하며 이번엔 우리의 우군이 되어줄 것입니다.[26]

저항감을 지혜로운 전략으로 극복해나가며, 작심삼일의 저주를 깨나갈 때, 멋진 행운들이 어느덧 당신 앞으로 성큼 다가와 있을 것이다.

> **행 · 운 · 포 · 인 · 트**
> 저항감이 싫어하는 속담은 '천릿길도 한 걸음부터'

반복의 비밀: 비전 포인트와 비전 보드

이제까지는 말을 반복하는 것의 중요성에 대해 주로 알아보았다. 이번에는 이루고 싶은 꿈을 반복적으로 상상해야 하는 이유에 대해 알아보기로 하자.

필자가 하버드 케네디스쿨에 합격한 후 여러 사람들이 합격 비결을 물어왔다. 뭔가 뚜렷한 비전과 체계적인 전략, 비법이 있을 거라고 확신하면서 말이다. 하지만 필자가 그 사람들에게 소개한 것은 간단한 컴퓨터 파일인 '비전 포인트'와 큰 캔버스만한 '비전 보드' 한 장이 전부였다. 하버드에 입학하고 싶다고 생각한 그날부터 비전 포인트와 비전 보드를 아무리 바빠도 하루에 단 몇 초라도 잊지 않고 보려고 노력했다.

필자가 활용한 '비전 포인트'란 하버드 합격통지서, 장학생, 베스트셀러 작가 같은 이미지를 파워포인트 파일로 만든 것이었다. '비전 보드' 역시 필자가 이루고 싶은 꿈의 이미지들을 보드에 붙여놓은 것으로 방문 옆에 걸어두고 방을 드나들 때마다 자연스럽게 바라보았다.

생생하게 상상하는 것에 어려움을 느끼던 필자가 무의식적 저항 없이 반복적으로 상상하기 위해 고안해낸 두 가지 방법이었다.

즉, 수시로 비전 포인트와 비전 보드를 보면서 무리한 노력 없이 자연스럽게 상상력을 자극한 것이 하버드 합격, 로터리 장학생 선정, 처녀작 『꿈을 이루는 6일간의 수업』이 분야 베스트셀러가 될 수 있었던 중요한 성공비결 중 하나였던 것이다.

꿈과 관련된 이미지의 반복 즉, 상상력을 통해 자신의 꿈을 이룬 멋진 이야기 하나를 소개해보도록 하겠다.

전설 속에서만 존재하던 트로이 문명을 실제로 발굴해낸 하인리히 슐리만Heinrich Schliemann의 이야기는 어린 시절 아버지에게서 용맹한 그리스 영웅들의 전설을 들으면서 자란 한 소년의 꿈에서 시작했다. 19세기 독일 시골 목사의 아들이었던 하인리히 슐리만은 일곱 살 때 아버지로부터 『그림 세계사』를 선물로 받았다. 트로이 전쟁 이야기에 매혹된 어린 소년 슐리만은 그후로 트로이 유적 발굴을 현실로 이루기 위해 평생을 바쳤다. 그리고 39년 만에 결국 유적 발굴에 성공했다. 그는 어떻게 불가능해 보이는 꿈을 이룰 수 있었을까? 그 비결 역시 반복된 상상의 힘이다. 슐리만이 실제로 이 상상의 힘을 어떻게 구체적으로 활용했는지 살펴보자.

슐리만은 소년 시절부터 이미 트로이 유적 발굴을 향한 의식ritual을 만들기 시작했습니다. 물론 무의식적으로 한 것이지만 그 효과는 탁월했어요. 슐리만은 일에 지친 심신을 치유하듯이 하루를 마무리하는 시간에는 반드시 마치 자신이 호메로스가 된 것처럼 신화 속 고대 그리스에 있다고 상상하고, 시의 정경을 마음속에 그리면서 호메로스의 시를 낭독했습니다.

그 일은 슐리만에게 큰 기쁨이었습니다. 슐리만은 마음을 항상 트로이 유적에 둠으로써 자신도 모르게 매일 꿈을 이루기 위한 의식 개혁을 했던 겁니다.

만약 그가 바쁜 일상 속에서 눈앞의 일에만 의식이 쏠려 있었다면, 그의 꿈은 단순히 소년 시절의 공상으로 끝나고 말았을 겁니다. 그렇지만 슐리만은 그 정경을 끊임없이 상상을 통해 마음속으로 그리며, 유적 발굴에 인생 전부를 걸었어요. 그건 자신의 꿈을 실현하기 위해 부단히 마음을 개혁하는 과정이었고, 그 결과는 우리가 잘 알고 있다시피 성공적이었습니다.[27]

심상화를 실행하는 데 있어 두 가지 당부하고 싶은 사항이 있다.

첫번째, 사람에 따라서 심상화Visualization 기법을 사용하는 것에 큰 어려움을 느끼고 좌절하는 경우도 많다. 필자의 경우 마음으로 상상하려고 하면 부정적인 이미지들이 많이 떠올라 심상화에 큰 어려움을 느꼈기 때문에 위와 같은 방법들을 개발한 것이다. 즉, 무리 없이 자연스러운 반복을 위한 자신만의 창의적 방법을 찾는 것이 중요하다. 예를 들면 자신의 꿈과 관련된 좋아하는 노래를 반복해서 듣는 것도 좋은 방법이다. 남에게 좋았던 방법이 나에게 꼭 맞는 것은 아니기 때문이다.

두번째, 심상화 기법 사용시 무의식의 지혜를 무시해서는 안된다. 앞서 언급했듯이 많은 자기계발서나 성공학 서적들이 소개하는 심상화 기법의 문제점은 무의식을 '마음대로 부릴 수 있는 어리석은 동물' 정도로 취급한다는 것이다. 이런 식의 접근은 무의식을 의식이 원하는 대로 길들일 수 있다는 가정에 근거하고 있다. 하지만 많은 정신의학의 대가들은 이와는 다른 의견을 가지고 있는 것 같다. 뉴욕타임스 최장기 베스트셀러 중 하나로 선정된 『아직도 가야 할 길』의 저자 M. 스콧 펙 박사는 무의식에 대해 다음과 같이 말했다.

우리는 언제나 우리가 믿고 있는 자신보다 모자라거나 넘치는 능력을 갖추고 있다. 그러나 무의식은 우리의 참모습을 알고 있다. 여러분이 자기 자신을 오랫동안 열심히 이해하려고 하면, 자신이 거의 알지 못하는 마음의 큰 공간에 무의식적인 부분이 상상할 수 없는 보고를 지니고 있음을 발견하게 될 것이다. 문제는 모든 것에 대한 우리의 무의식이 의식보다도 더 큰 지혜를 지니고 있다는 것이다. 모든 지식과 지혜는 우리의 마음속에 내재해 있는 것 같다. 우리가 어떤 새로운 것을 배울 때, 우리는 사실 우리 안에 언제나 존재하고 있던 것을 단지 발견하고 있는 것이다. 무의식은 우리가 자고 있을 때에도 우리가 의식이 있을 때 못지않게 우아하고 유익하게 우리에게 의사소통을 하고 있을지도 모른다. 이와 같은 '한가로운 생각'이 흔히 우리 자신에게 극적인 통찰력을 제공한다. 무의식이 꿈을 통해 전달하는 메시지는 항상 우리의 정신적 성장을 도모하게 고안되어 있는 것 같다. 그것은 개인적 함정에 대한 경고로서, 문제 해결의 안내자로서, 우리의 행동이 잘못된 것이 아닌 걸 생각하게 해주는 격려로, 그리고 우리가 길을 잃어 헤맬 때 길을 묻는 방향 탐지기로서 우리에게 작용하는 것이다.[28]

스콧 펙 박사의 말에 따르면 무의식에는 우리가 상상할 수 없는 보고가 숨겨져 있으며, 무의식은 우리의 의식보다 더 큰 지혜를 가지고 있다고 한다. 그렇기 때문에 우리는 무의식을 지능이 낮은 동물처럼 대할 것이 아니라 무의식의 지혜에 귀를 기울이고 겸손한 태도로 대하는 것이 중요하다. 따라서 한계가 뚜렷한 우리의 의식적 소견에 따라 설정한 인생의 목적을 무의식에 강요하는 태도는 위험하다고 할 수 있다. 심지어 자신이 의식적으로 원하는 바가 실제로는 자신에게 해가 되는 경우가 있으니 주의해야 한다. 예를 들면, 경제적 어려움을 벗어나 가족의 행복을 얻기 위해 부자가 되고 싶어하는 사람이 있다고 가정해보자. 만약 그가 심상화 기법을 잘 활용하여 가족이 화목하게 지내기에 충분한 돈을 벌었다고 하자. 하지만 거기서 멈추지 않고 지나친 과욕을 부려 끊임없는 심상화 기법으로 더 큰 부자가 되고자 할 때, 무의식의 지혜는 그의 진정한 행복을 위해 여러 경로를 통해 경고 메시지를 보내준다. 하지만 이런 무의식의 경고들을 무시하고 과욕을 따를 때는 부작용이 발생할 수 있다. 돈을 버는 데 너무 집중하느라 가정을 소홀히 한 결과 가족들을 더욱 불행하게 만들고 오히려 가정을 무너뜨릴 수도 있다. 이런 경우는 심상화 기법을 통한 목표 달성이 궁극적으로 그 사람과 가족 모두를 불행하게 만드는 결과를 초래하고 말 것이다. 부자가 되고자 했던 본래의 목적은 가족의 행복을 위해서가 아니었던가? 만약 이런 상황이 발생한다면 차라리 그의 꿈이 좌절되는 것이 오히려 축복일 것이다.

따라서 심상화 기법을 활용할 때는 무엇보다 먼저 자신이 진정으로 원하는 것이 무엇인가를 깊이 살펴보아야 한다. 또한 무의식이 고유한 지혜와 견해를 가지고 있고, 의식만큼이나 균형잡히고 실질적인 힘을 가지고 있다는 인식을 가지고 심상화 기법을 활용해야 한다. 즉, 무의식의 세밀한 소리에 지혜롭게 귀기울이며 의식의 힘과 함께 조화롭게 활용할 수 있어야 한다는 의미다. 이러한 무의식의 소리에 지혜롭게 귀기울일 수 있는 방법으로 명상과 신화, 꿈, 민담 공부, 자기 변형 보드게임 등이 있다.

플라세보 효과 VS 노세보 효과

앞에서 살펴보았듯이 반복되는 '말과 상상'에는 꿈을 현실화시키는 힘이 있다. 단지 말과 상상을 반복할 뿐인데 어떻게 그런 힘을 발휘할 수 있을까? 그것은 반복되는 말과 상상이 '믿음'이 되기 때문이다. 이 믿음의 힘을 잘 보여주는 것이 바로 플라세보 효과다. 플라세보 효과Placebo Effect는 위약 효과, 즉 가짜 약 효과라고도 부르는데, 약리학적 유효 성분이나 치료 성분이 없는 거짓 약을 환자에게 복용하도록 했을 때 마치 진짜 약을 먹은 것처럼 병세가 호전되는 효과를 일컫는 말이다.

하버드 대학의 헨리 비처Henry Beecher 박사는 이 플라세보 효과를 확인해보기 위해 100명의 의대생을 대상으로 다음과 같은 실험을 했다. 먼저 빨간 캡슐을 준비해 강력 흥분제라고 표시하고, 다음으로 파란 캡슐을 준비해 강력 진정제라고 표시했다. 하지만 실제로 빨간 캡슐에는 강력 진정제가 담겨 있었고, 파란 캡슐에는 강력 흥분제가 담겨 있었다. 하지만 실험진은 캡슐의 내용물이 바뀌어 있다는 사실을 피실험자들에게는 알려주지 않았다. 실험결과는 놀라웠다. 피실험자들은 실제 내용물이 아니라 바로 캡슐에 적혀 있는 대로 신체 반응을 나타낸 것이었다. 피실험자들의 믿음이 약으로 유발되는 신체적 화학반응을 압도해버린 반응이 나타난 것이다.

헨리 비처 박사는 이 플라세보 실험을 근거로 "치료의 효과는 약의 화학적인 내용물뿐만 아니라 그 약의 유용성과 효과에 대한 환자의 믿음이 만들어낸 직접적인 결과"라는 결론에 이르렀다.[29]

이렇듯 놀라운 플라세보 효과를 통해 치료법 자체도 중요하지만 의학적 처방에 대한 환자의 믿음, 즉 긍정적인 마음이 일으키는 치유 작용도 환자들에게 매우 중요한 약이라는 사실을 확인할 수 있다. 이런 맥락으로 하버드 의대의 허버트 벤슨Herbert Benson 박사는 그동안 사용되었던 플라세보 효과 즉 가짜 약 효과라는 용어를 '상상에 의한 건강remebered wellness'이라는 말로 바꾸어 써야 한다고 주장했다.

플라세보 효과와 반대로 노세보 효과Nocebo Effect라는 것이 있다. 이 개념은 노세보가 라틴어로 '해를 끼치다'라는 뜻을 지닌 것에서 유래했는데, 노세보 효과는 의사가 적절한 처방이나 의료 처치를 해주었음에도 불구하고 환자가 그것을 믿지 않고 의심할 경우에 제 효과를 발휘하지 못하는 경우를 일컫는다. 노세보 효과를 잘 보여주는 실제 이야기를 살펴보자.

2010년 새해가 막 지난 무렵 런던 서부의 한 공사현장에서 일하던 스물아홉 살의 남성이 층계참에서 떨어져 6인치 못 위로 떨어졌다. 못은 그의 부츠를 뚫고 거의 발등까지 파고들었다. 상상도 못할 고통에 신음하는 그를 동료들은 즉각 구급차에 태웠고, 구급차는 서둘러 그를 응급실로 데려갔다.

못이 조금만 움직여도 그에게는 엄청난 고통을 안겨주었기 때문에, 응급실 의사들은 재빨리 수술 전에 의식을 잃게 만드는 데 사용하는 미다졸람으로 그를 진정시켰다. 곧이어 의사들이 모르핀보다 백 배는 더 강력한 진통제로 주로 말기 암 환자에게 처방하는 펜타닐을 추가 투여한 것을 보면 그 청년의 고통이 얼마나 심했는지 알 수 있을 것이다. 환자를 진정시키고 통증을 제어하며 의사들은 그의 부츠를 조심스럽게 벗겨내기 시작했다. 마침내 작업 부츠를 다 벗겨냈을 때 그들은 놀라운 일을 목격했다. 환자의 발가락 사이로 못이 깔끔하게 지나갔던 것이다. 상처라고는 티끌만큼도 찾아볼 수 없었다.[30]

이처럼 플라세보 효과나 노세보 효과는 믿음이 인간의 의식과 행동에 미치는 영향이 얼마나 지대한지 알려준다.

즉, 반복된 말과 상상을 통해 무의식에 강한 믿음을 심어준다면 우리의 몸과 행동은 저절로 바뀌게 된다는 것이다. 그러니 행운의 말과 상상을 지속적으로 반복하라! 반복하다보면 말과 상상은 믿음이 되고, 그 믿음은 당신의 인생에 멋진 행운을 가져다

줄 것이다.

산을 옮기는 겨자씨 믿음

"겨자씨만한 믿음만 있으면 과연 산을 옮길 수 있을까?"

많은 종교 경전들은 믿음의 놀라운 힘에 대한 많은 이야기들을 전하고 있는데, 그중 대표적인 것이 성서에서 예수님이 겨자씨만한 믿음만 있어도 산을 옮길 수 있다고 말씀하신 부분이다. 현대 의학의 발달로 인하여 우리는 과학적 연구결과로도 믿음의 힘을 확인할 수 있는데, 그중 정신의학계의 다중인격 연구는 믿음의 강력한 영향력을 다음과 같이 보여주고 있다.

미국의 정신과 의사 퍼트넘^{Frederic W. Putnam}은 다중인격 장애에 관한 많은 논문을 발표하였다. 퍼트넘 박사의 연구에 따르면 다중인격 장애란 한 인격체에서 다른 인격체로 개인의 정체성이 완전히 바뀌게 되는 질환을 말하는데 한 사람이 평균 8에서 13

가지의 다른 인격들을 가진다고 한다.

놀라운 사실은 인격이 한 인격에서 다른 인격으로 바뀔 때 인격뿐만 아니라 감정, 의식, 필체, 예술적 재능, 지능지수, 외국어 구사력, 뇌파, 자율신경 기능, 시력 등이 모두 바뀌고, 갖고 있는 종양이 있기도 하고 없어지기도 하며, 고질적인 알레르기성 피부병이 있기도 하고 없어지기도 하며, 월경력도 달라진다고 한다.[31]

다중인격에 관한 또다른 놀라운 연구결과가 있다.

예일 대학 정신과의 하울랜드Francine Howland 교수도 다중인격 장애가 적나라한 환자를 소개한 일이 있다. 환자는 말벌에 쏘여 눈이 완전히 감긴 상태였는데, 하울랜드 박사가 이 환자에게 다른 인격으로 바꾸도록 지시하자, 놀랍게도(!) 눈은 순식간에 정상이 되었다. 말벌에 쏘여 눈이 감기는 것은 항체의 생성, 히스타민 생성, 혈관 팽창과 파열, 면역물질의 방출 등과 같은 매우 복잡한 생리 현상에 의하는 것인데 이것이 순식간에 정상으로 된다는 것은 마음이 몸에 미치는 지대한 영향력을 잘 보여주는 연구로 볼 수 있다.[32]

위와 같은 다중인격에 관한 연구들은 자신의 정체성에 대한 믿음이 몸에 얼마나 놀라운 변화를 일으킬 수 있는지 잘 보여준

다. 또 이러한 믿음의 놀라운 효과는 암을 치료하는 데도 결정적
역할을 할 수 있다.

임상심리학자인 엘머 그린 박사는 암이 자연 치유된 4천 명의
환자들의 사례를 찾아 그들이 완치된 이유를 연구했다. 현대인의
목을 죄고 있는 무서운 암을, 그것도 별달리 의학의 힘을 빌리지
않고 자연적으로 치유했다는 것은 참으로 놀라운 일이 아닐 수 없
기 때문에 엘머 그린 박사는 호기심을 가지고 연구를 시작하였다.

연구결과, 어떤 이는 인삼 엑기스를 열심히 먹었고, 어떤 이는
포도즙을, 심지어 어떤 사람은 빵 4천 개를 먹으면 낫는다고 믿
고 그대로 실천해 진짜로 나은 경우도 있었다.

또한 고산지대에 살면 암이 치료된다고 믿고 실천한 사람도 있
고, 종교에 의지해 자연 치유된 사람도 있었다. 하지만 각각의 케
이스가 너무나 다양한 방법이었고, 공통점을 찾기가 힘들었다.
결국 그린 박사가 오랜 연구 끝에 내린 결론은 다음과 같다.

"가장 중요한 것은 어떤 방법을 쓰느냐가 아니라, 나을 수 있
다는 신념이 얼마나 강하냐다. 의학의 도움 없이 암을 자연 치유
한 환자들은 자신이 살아날 수 있다는 확고한 믿음을 가진 사람
들이었다."[33]

참 놀라운 믿음의 힘이 아닌가? 당신은 자신의 행운을 얼마나

믿는가? 믿음의 크기만큼 당신은 행운을 얻을 것이다.

행운을 부르는 기도

믿음과 연관된 단어로 쉽게 떠오르는 것은 무엇인가? 아마 많은 이들이 '기도'라는 단어를 떠올릴 것이다. 하지만 기도라고 하면 자신과는 상관없는 종교적인 영역이라고 생각하고 근거 없이 부정적으로 생각하는 사람들도 있다. "기도 따위가 무슨 소용이 있어?"라면서 말이다.

하지만 그런 사람들도 최근 학계의 연구결과들을 살펴보면 생각이 달라질지도 모르겠다. 하버드 의과대학, 듀크 의과대학 등과 같은 세계적인 명문 의대들에서 기도의 효과를 연구하고 있고, 이미 진행된 기도에 관한 연구 사례가 자그마치 1200건을 넘어섰다고 한다.

미국의 내과 의사 래리 도시Larry Dossey는 기도가 환자를 치료하는 데 실질적인 도움이 된다는 사실과 기도치료prayer therapy가 양자물리학적 근거에 의하여 어떤 원리로 치료 효과가 있는가를 설명하는 책들을 집필하여 뉴욕타임스 베스트셀러 작가로 널리 알려져 있다. 그의 저서 『치료하는 기도』를 보면 기도에 관한 놀라운 실험결과를 볼 수 있다.

미국 샌프란시스코 종합병원 심장내과 의사 랜돌프 버드 Randolph Byrd는 응급실에 입원한 관상동맥 질환 환자 393명을 두 그룹으로 나누어 치료했는데, 한 그룹은 병원 외부에서 기독교인들에게 기도를 하게 하였고, 다른 대조군 그룹은 아무런 기도치료를 받지 않도록 했다.

이 두 그룹은 기도치료 외에는 동일한 치료를 받도록 했는데, 환자들을 치료하는 의사들이나 환자 자신들은 기도치료를 받고 있다는 사실을 알지 못했고, 환자의 치유를 위해 기도하던 신앙인들도 환자들의 성(姓)만 안 상태로 환자들을 위해 하루 세 번씩 규칙적으로 기도하도록 했다.

그 결과는 놀라웠다. 기도를 받은 첫째 그룹 환자들의 항생제 사용량은 5배 감소했고, 폐부종 발생이 3배나 적었으며, 사망 환자의 수도 현저히 적었다.

이러한 기도치료 연구들을 기반으로 도시 박사는 기도치료에서 가장 중요한 것은 환자가 자신이 하고 있는 치유법을 얼마만큼 믿느냐가 가장 중요하기 때문에, 어떤 정형화된 한 가지 방법이 있는 것은 아니라고 한다.

예를 들면 자신만의 기도문을 만들거나, 노래가사를 만들어 노래를 부르거나 하면서 자신만의 방법으로 기도하면 된다는 의미이며, 제일 중요한 것은 마음으로부터 진정으로 믿는 뜨거운 기도면 된다는 것이다. 가장 중요한 것은 마음으로부터의 믿음을 실은 뜨거운 기도라고 했다.[34]

또다른 연구결과를 살펴보자.

듀크 의과대학에서는 심장질환으로 입원중인 환자 150명을 대상으로 다음과 같이 5그룹으로 나누어 대대적인 실험을 했다.

1그룹: 아무런 치료를 받지 않는 그룹
2그룹: 환자 스스로 가슴에 손을 얹고 기도하는 그룹
3그룹: 스트레스 경감 요법을 받는 그룹
4그룹: 이미지 요법을 받는 그룹
5그룹: 다른 사람들로부터 치유의 기도를 받는 그룹

다섯번째 그룹의 기도치료를 위해 기독교, 유대교, 불교 등 여러 종교들의 신자로 이루어진 8개 기도 모임을 형성했고, 각 모임은 환자들의 이름을 놓고 환자의 치유를 위해 기도했다. 그리고 환자들에게 합병증이 발생하느냐 하지 않느냐에 기준을 두고 기도치료의 효과를 판단했다.

연구결과는 놀랍게도 다른 사람의 기도를 받은 5그룹 환자들은 다른 그룹 환자들에 비해 합병증이 발생하는 비율이 50퍼센트에 지나지 않았다.[35]

기도의 힘이 참으로 놀랍지 않은가? 당장 눈을 감고 아주 간단하고 짧게라도 사랑하는 누군가를 위해 행운의 기도를 선물해 보자.

행 · 운 · 포 · 인 · 트

믿음의 기도는 실질적인 효과가 있다.

1. 천 번을 반복해서 말하면 말은 힘을 지니기 시작한다.

2. 잠들기 전과 일어난 직후에 하는 말과 생각이 중요하다. 긍정적인 말은 어려운 일을 겪을 때 더욱 필요하다.

3. 저항감이 싫어하는 속담은 '천릿길도 한 걸음부터'.

4. 이루고 싶은 꿈에 관한 말과 상상을 자연스럽게 반복할 수 있는 자신만의 방법과 무의식의 지혜에 귀기울일 수 있는 방법을 찾아라!

5. 이 세상 최고의 행운아는 자신의 운을 믿는 사람이다.

6. 행운은 믿음의 크기에 비례한다.

7. 믿음의 기도는 실질적인 효과가 있다.

3단계 행운의 다이어리

1. 우리 무의식 속에 자리잡고 있는 숨은 믿음들을 찾아보자.

무의식 속에 숨겨진 부정적인 믿음	무의식 속에 숨겨진 긍정적인 믿음
일이 내 뜻대로 되지 않으면 나는 결코 행복할 수 없다. 나는 내 주변에 있는 모든 사람들로부터 인정받고 사랑받아야 한다.	어차피 다 잘될 테니 걱정할 것 없어. 모든 것이 협력하여 최선을 이룰 거야.

2. 자신이 좋아하는 이미지나 이루고 싶은 꿈들의 이미지를 모아 비전 포인트와 비전 보드를 만들어라. 컴퓨터에 능숙하다면 비전 동영상으로 만들어라.

3. 자신만의 주제곡을 찾아 반복적으로 들어보라. 음악은 마음의 저항감 없이 원하는 말을 즐겁게 반복할 수 있는 멋진 방법이다. 음악 이외에도 자신의 취향에 따라 시를 외우거나 직접 그림을 그리거나 혹은 춤을 추는 것도 큰 도움이 된다. 중요한 것은 억지로 하는 노력 없이 기분 좋게 지속적으로 반복할 수 있는 자신만의 방법을 선택하는 것이다.

제 5 장

행운의 법칙 4단계_
감정, 행운의 비밀 코드

# 4단계 핵심 내용 : 감정의 힘

　행운의 법칙 4단계는 '영양분의 비밀' 단계다. 네잎클로버가 잘 자라기 위해서는 영양분의 공급이 필요하다. 식물이 튼튼히 자라기 위해서는 거름과 비료가 필요하듯이 우리 마음밭에도 영양분이 필요한 것이다. 그리고 우리 마음의 영양분이 바로 감정이다. 아쉽게도 엄격한 가부장적 사회에서 성장한 한국인은 감정을 활용하는 법을 배우기보다는 억누르고 숨기는 법들을 배워왔다. 따라서 감정을 창조적으로 활용하기보다는 파괴적으로 사용하는 경우가 많다. 이 4단계는 행운 법칙의 성패를 좌우할 만큼 매우 중요하다. 행운을 창조하는 데 가장 중요한 에너지가 바로 감정이기 때문이다. 이번 단계에서는 감정에 대한 이해와 활용법에 대해 함께 알아보도록 하자. Good Luck!

감정에 대한 오해 풀기

감정이라고 하면 어떤 생각들이 떠오르는가? 물론 긍정적인 생각이 떠오르는 사람도 있겠지만, 많은 한국인들이 감정에 대해 다음과 같은 생각을 가지고 있다.

"감정은 감추어야 하고 드러내서는 안 되는 것이다. 심성이 착한 사람은 부정적인 감정을 가져서는 안 된다."

하지만 이것은 감정에 대한 심각한 오해이며, 이러한 방식으로 감정을 판단하고 다루어서는 절대로 행운을 창조할 수가 없다. 왜냐하면 감정 자체는 좋거나 나쁜 것이 아니기 때문이다.

감정^{emotions}의 라틴어 어원은 movere로, '움직이다'라는 뜻을 가지고 있다. 즉, 감정은 우리를 움직이게 하는 에너지라는 의미다. 중요한 사실은 우리를 느끼게 하고, 우리가 느낀 것들을 표현하게 하고, 우리를 행동하게 하는 에너지인 감정은 그 자체로는 긍정적이지도 부정적이지도 않다는 것이다. 감정을 대하는 우리의 태도, 그리고 우리가 이 감정 에너지를 어떻게 활용하는가에 따른 결과가 긍정적이거나 부정적이라고 할 수 있을 뿐이다. 감정의 영향력은 최근 뇌과학을 통해서도 밝혀지고 있는데, 세계적인 신경과학자 캔더스 퍼트$^{Candace\ Pert}$는 감정에 해당되는 신경물질이 뇌에서 만들어진다는 결과를 발표했다.

예를 들어, 기쁨을 느끼면 '기쁨 물질', 슬플 땐 '슬픔 물질', 희망을 가지면 '희망 물질', 기대를 하면 '기대 물질' 등이 뇌에서 만들어진다는 것이다. 캔더스 퍼트는 "우리 몸 세포의 분자 수용체는 감정이 보내오는 화학적인 신호에 춤추듯이 진동하며 반응한다"고 말한다. 앞에서 언급했던 정신의학자 카를 융도 감정의 중요성에 대해 다음과 같이 말했다.

"감정은 의식이 되는 모든 것의 가장 중요한 근원이다. 감정이 없다면 어둠에서 빛으로의 변화와 무관심에서 마음의 움직임으로의 변화란 있을 수 없다."

이와 같이 우리는 의식적 혹은 무의식적 감정에 지대한 영향을 받으며 어떤 감정을 따르느냐에 따라 행운의 네잎클로버가 튼튼히 자라느냐 아니냐가 결정된다.

행운을 끌어들이는 강력한 감정

그러면 행운을 끌어들이는 가장 강력한 감정 에너지는 무엇일까? 즐거움? 행복? 희망?

물론 위와 같은 긍정적인 감정들도 행운을 끌어들이는 강력한 감정이지만 그것보다도 더욱 강력한 감정이 있다. 다음 이야기들을 통해 이 질문에 대한 답을 알아보도록 하자.

1930년, 르네 스피츠는 북유럽의 고아원에서 자란 갓난아이들이 환경도 훌륭하고 먹을 것도 충분했음에도 제대로 자라지 않는 사실을 발견했다. 사실 죽는 아기도 많았다.

그러나 스피츠는 멕시코를 방문하는 동안 이와는 대조적인 사실을 주목하게 되었다. 이곳의 고아들은 재정 상태가 좋지 않으며 환경도 지저분한 보육시설에서 살고 있었지만 육체적으로나 정서적으로 훨씬 더 잘 자라고 있었던 것이다.

이런 시설의 유아들이 더 잘 크는 이유를 알아내기 위해 애쓰는 과정에서, 그는 이웃의 여자들이 매일 찾아와 아기들에게 젖을 먹이고 안아주고 흔들어주며 노래도 불러준다는 것을 알게 되었다. 따라서 그는 인간의 접촉과 사랑이 그 유아들을 정서적으로 안정되게 만들었을 뿐 아니라, 육체 발달에 필수적인 영양분도 공급했다고 결론지었다.[36]

또다른 사례를 살펴보자.

미국의 외과의사이자 암 전문의인 시겔 박사는 항암치료로 머리카락이 빠진 환자들을 위로하기 위해 자신의 머리를 완전히 밀고 진료에 임할 만큼 인술을 펼치는 의사로 알려져 있다. 시겔 박사는 환자들에게 "무조건적인 사랑은 가장 강력한 면역 자극제이고, 사랑의 힘은 무한한 기적을 만든다"고 강조한다.

시겔 박사의 환자 가운데 난소암에 걸린 여성이 있었다. 그녀는 악성종양이 폐와 복부 전체로 전이되어 죽음을 앞두고 있었다. 한동안 절망에 빠져 있던 그녀는 죽음을 담담하게 받아들이기로 했다. 그리고 병원에서 죽는 것보다 남은 생을 의미 있게 보내야겠다고 마음먹고, 어려운 이들을 찾아가 봉사활동을 시작했다. 열정을 다해 사랑을 나누면서 그녀는 점점 회복되었고, 6개월 후 종양이 완전히 사라졌다는 뜻밖의 진단을 받았다. 사랑이 준 귀중한 선물인 셈이다.

시겔 박사는 이 사례 말고도 삶에서 참다운 사랑과 영성을 찾아 난치병을 치료한 많은 사람들의 임상 사례를 전하면서, 사랑의 생리학적 기능을 강조한다.

"사랑은 모든 것을 치유하므로 환자들에게 사랑하는 법을 가르치면 자연스럽게 병은 치유된다"고.[37]

이제 행운을 부르는 강력한 에너지가 무엇인지 눈치챘을 것이다. 그렇다. 바로 사랑이 행운을 부르는 가장 강력한 감정이다. 최신 뇌과학계의 연구결과도 사랑의 힘에 대해 잘 보여준다.

미국 러트거스 대학 헬렌 피셔Helen Fisher 교수는 2009년 2월

12일 AP통신을 통해 뇌에는 사랑의 회로라 불리는 네 가지 작은 영역이 있음을 발표했다.

우리의 뇌 속에 가장 핵심적인 사랑의 회로는 '복측 피개영역Ventral Tegmental Area'인데, 사랑에 빠진 사람의 뇌를 MRI로 촬영하면 VTR 부분이 빛을 낸다고 한다. VTR 부분이 활성화되면 여러 가지 유익한 호르몬이 생성 방출되면서 줄기세포가 활성화되어 인체를 건강하게 해준다. 이러한 뇌를 지배하는 것이 바로 감정을 느끼는 우리의 '마음'이다.

모차르트 역시 자신의 천재적인 재능의 비밀에 대해 다음과 같이 말했다.

> 가슴이 없는 천재라는 것은 난센스다. 천재란 위대한 지성이나 탁월한 상상력, 심지어 이 두 가지를 합쳐도 이루어지지 않는다. 천재를 만드는 것은 오직 사랑, 사랑, 사랑뿐이다.
>
> _1787년 4월 11일자 모차르트 편지 중에서

하지만 한 가지 명심해야 할 것은 "네 이웃을 내 몸과 같이 사랑하라"는 황금률에서 알 수 있듯이 먼저 자신을 진정으로 사랑할 줄 아는 사람만이 다른 이들도 제대로 사랑할 수 있다는 지혜다.

그러니 지금 당장 자기 자신에 대한 선물로 스스로를 부드럽게 다독이며 말해보자.

"사랑해, 지금 모습 그대로."

행운을 밀어내는 강력한 감정

그렇다면 반대로 행운을 밀어내는 가장 강력한 감정은 무엇일까? 슬픔? 분노? 질투?

이번에는 성서에 나오는 욥의 이야기로 질문에 대한 힌트를 대신한다.

옛 팔레스타인 지역의 우스 땅에 욥이라는 사람이 살았다.

욥은 양 7천 마리, 낙타 3천 마리, 소 5백 마리, 암나귀 5백 마리를 소유한 엄청난 부자였다. 욥은 이토록 부유했지만 정직하고 신실했기에 하느님의 사랑을 받았다. 그러던 어느 날 사탄이 하느님을 찾아왔다. 욥이 사랑스러워 견딜 수 없던 하느님은 사탄에게 욥에 대한 자랑을 실컷 늘어놓으셨다. 그러자 시기와 질투에 사로잡힌 사탄이 빈정거렸다. "하느님, 욥이 그렇게 착하게 사는 것은 하느님이 그에게 준 재물과 건강 때문입니다. 다 빼앗아보시지요. 욥도 별수 없을 겁니다."

욥을 깊이 신뢰하셨던 하느님은 사탄에게 생명을 제외한 욥의 재물을 모두 빼앗아도 된다고 허락하신다. 욥이 얼마나 멋진 아들인지 사탄에게 증명해 보이고 싶으셨던 것이다.

사탄은 회심의 미소를 지으며 지옥으로 돌아와 마귀 졸개들에게 명령을 내린다.

"욥이 가진 것을 모두 잃게 만드는 가장 빠른 방법을 제시하는 자에게 큰 상을 주마!"

상을 받고 싶어 안달이 난 마귀와 귀신 들은 앞다퉈 온갖 방법을 내놓았다. 그중에서 사탄의 마음에 든 아이디어는 다음과 같았다.

"욥을 망하게 하는 방법은 매우 간단합니다. 인간의 마음 프로그램에 한 단어만 입력하면 됩지요. 태초에 저 창조주라는 자가 인간을 창조할 때, 인간에게 불어넣은 가장 강력한 힘이 바로 창조력입니다. 우리는 이 창조력 프로그램의 작동 원리를 이해하고 이용만 하면 간단하게 해결됩니다. 이 프로그램의 작동 원리는 다음과 같습니다. 인간은 두 개의 강렬한 감정인 사랑과 두려움을 느낄 때마다 몸속이 뜨거워집니다. 이 열기가 인간의 마음속 깊이 도달해 마음에 품고 있는 생각들의 싹을 틔우게 되고, 이것이 자라나면서 인간이 품은 생각과 아이디어 들이 현실화, 즉 창조되는 것이지요. 따라서 우리는 욥의 마음에 '사랑' 대신 '두려움'을 입력하기만 하면 됩니다. 그러면 욥 그놈이 제 발로 멸망의 길로 걸어들어갈 것입니다."

사탄은 이 아이디어를 즉시 실행에 옮겼다. 욥이 잠들었을 때 그의 마음으로 몰래 들어가 욥의 창조력 프로그램에 '두려움'이라는 바이러스를 주입한 것이다.

그 결과는 놀라웠다! 욥은 재산과 건강을 몽땅 잃고 하루아침에 거지 신세가 되고 말았다.

욥은 자신에게 고난이 다가왔을 때 다음과 같이 고백했다.

두려워하여 떨던 것이 들이닥쳤고 무서워하던 것이 마침내 오고야 말았다. 평화, 평안, 안식은 간 곳이 없고 두려움만이 끝없이 밀려오는구나.

_「욥기」 3장 25~26절

위 구절을 볼 때, 욥은 자신에게 불행이 오기 전에 그 불행들을 이미 마음속으로 두려워하고 있었음을 알 수 있다. 욥은 결국 어떻게 되었을까? 욥은 하느님을 실망시키지 않았다. 그는 하느님과 대화를 나누며 두려움과 사랑의 창조력을 결국 깨닫게 된다. 사랑과 관련된 내용을 신약성서에서 다음과 같이 찾아 볼 수 있다.

한처음, 천지가 창조되기 전부터 말씀이 계셨다. 말씀은 하느님과 함께 계셨고 사랑과 똑같은 분이셨다. 말씀은 한처음 천지가 창조되기 전부터 하느님과 함께 계셨다. 모든 것은 말씀을 통하여 생겨났고 이 말씀 없이 생겨난 것은 하나도 없다.
_「요한복음」 1장 1~3절

성서는 하느님에 대해 "하느님은 사랑이십니다"(「요한1서」 4장 16절)라고 말한다. 그렇다면 위의 요한복음 구절에서 하느님 대신 사랑을 대입해서 읽어보면 다음과 같다.

한처음, 천지가 창조되기 전부터 말씀이 계셨다. 말씀은 사랑과 함께 계셨고 사랑과 똑같은 분이셨다. 말씀은 한처음 천지가 창조되기 전부터 사랑과 함께 계셨다. 모든 것은 말씀을 통하여 생겨났고 이 말씀 없이 생겨난 것은 하나도 없다.

결국 자신 안의 사랑과 두려움의 창조력 프로그램을 이해하게 된 욥은 하느님의 깊은 사랑을 깨닫고 '두려움'을 다시 '사랑'으로 바꾸었고, 마침내 더욱 큰 축복을 받은 부자가 되었다. 위의 이야기는 성서 그대로의 이야기가 아니라 사랑과 두려움의 창조력에 대해 독자의 이해를 돕기 위해 필자가 성서의 욥 이야기를 각색해본 것이다. 이 이야기를 통해 '두려움'이 막강한 위력을 가진 창조력이라는 생각이 전해졌기를 바란다.

잠시 자신이 두려워하는 것들을 떠올려보자. 거절에 대한 두려움, 실패에 대한 두려움, 혼자 남겨지는 것에 대한 두려움…… 살아가면서 우리는 과거에 일어났거나 현재에 일어나고 있는 일을 두려워하기보다는 미래에 일어날지도 모를 일을 상상하며 미리 두려워한다.

쉽게 말하면 거절 자체보다 거절당할까봐 두렵고, 실패 자체보다는 실패할까봐 두렵고, 아픔 자체보다는 아플까봐 두려워한다. 실제로 일어나지도 않은 일, 어쩌면 절대 일어나지 않을 일을 미리 두려워하는 것이다. 우리는 이러한 두려움들 때문에 스스로가 창조한 한계 속에 갇혀 살아가게 된다.

그렇다면 이런 두려움을 어떻게 극복할 수 있을까? 행운 부자 사이토 히토리 씨는 미래에 대한 두려움을 극복하는 법에 대해 다음과 같이 말한다.

미래에서 오는 것은 반드시 해결할 수 있습니다. 자신이 해결할 수 없는 문제는 찾아오지 않습니다. 왜냐하면 미래로부터 찾아오는 것은 천명이기 때문이지요. 이 문제를 한번 풀어보라고 하늘이 문제를 내는 것입니다. 하늘이 내는 문제는 전부 스스로

풀 수 있습니다. 그러므로 천명에 맡기십시오. 그리고 그것이 찾아오면 최선을 다하세요. 그런 마음가짐으로 있으면 미래를 두려워할 필요가 없습니다.[38]

문제가 생기거나, 고민거리가 생길 때는 반드시, 답도 같이 생겨난다고 합니다. 문제나 고민이 생긴다는 것은 답도 동시에 이미 있다는 얘기입니다. 우주는 음과 양이 반드시 세트로 되어 있어서 문제가 음이라면 답은 양, 문제만 있는 경우는 없습니다.[39]

『언어습관의 심리학』으로 저명한 사토 도미오佐藤富雄 박사도 사이토 히토리 씨와 유사한 주장을 한다. 사토 도미오 박사는 의학박사, 농학박사, 경영학석사로 현재 루마니아 스필팔레 대학 교수로 재직하고 있는데, 그는 미래의 두려움을 다룰 수 있는 3가지 법칙을 다음과 같이 소개한다.

법칙1: 내게 일어난 일은 뭐든지 내게 도움이 된다.
법칙2: 내게 일어난 일은 뭐든지 내 힘으로 해결할 수 있다(해결할 수 없는 문제는 일어나지 않는다).
법칙3: 내게 일어난 문제를 해결하는 방법은 예상치 못한 곳에서 발견된다(지금 막막하더라도 약해져서는 안 된다).[40]

미래가 두렵거나 이미 문제가 발생했거나 일이 잘 풀리지 않을 때는 위의 세 문장을 소리내서 읽어보자. 어쩐지 마음이 편안해지고 어느덧 솟아오르는 자신감을 느낄 수 있을 것이다.

마더 테레사 VS 히틀러

행운의 네잎클로버 성장에 지대한 역할을 하는 사랑과 두려움의 작동 원리에 대해 좀더 자세히 살펴보자. 아래 표는 사랑의 선순환 창조 메커니즘을 정리한 것이다.

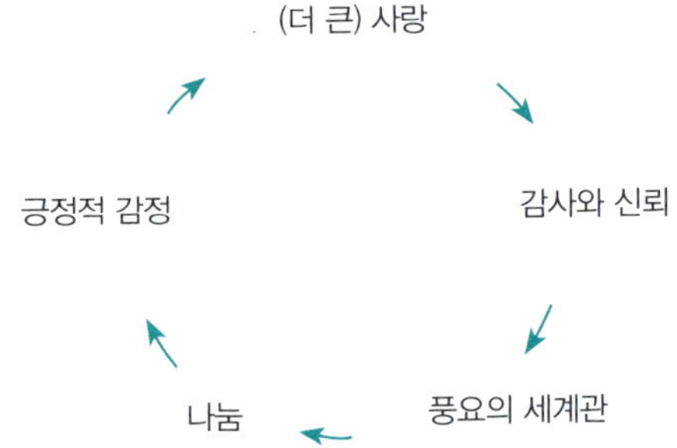

우리가 사랑을 느낄 때 자연스럽게 따라오는 감정은 감사와 신뢰의 마음이다. 감사와 신뢰의 마음을 가진 사람은 이 세상이 안전하고 누구나 원하는 것을 얻을 수 있는 풍족한 곳이라는, '풍요로운 세계관'을 갖게 된다. 넉넉하고 풍요로운 마음은 다시 나눔으로 연결되면서 기쁨, 희망, 평화와 같은 긍정적인 감정을 경험하게 해준다. 이것이 바로 사랑의 창조 메커니즘이다. 세계에서 가장 가난한 지역 중 하나인 인도의 콜카타에서 사랑과 나눔을 실천하며 평생을 살았던 마더 테레사가 창조해낸 풍요롭고 사랑으로 가득 찬 세상을 떠올려보라.

이번엔 두려움의 악순환 창조 메커니즘에 대해 알아보도록 하자.

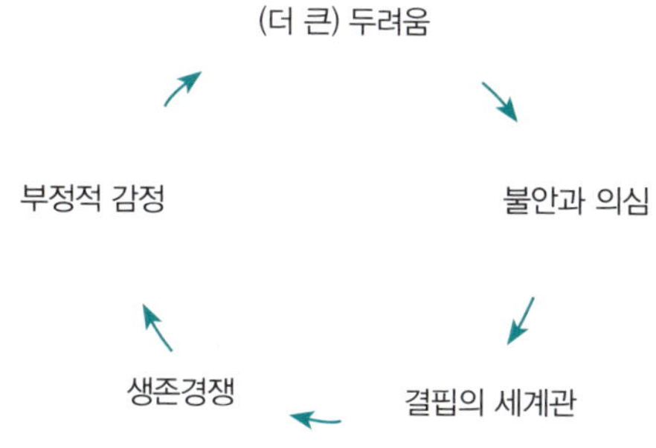

두려워하는 마음을 품을 때 자동적으로 따라오는 감정은 불안과 의심이다. 의심과 불안 속에 떨면서 살아가는 사람들에게

세상은 위험한 곳이며, 욕구를 만족시키기에 부족한 곳이다. 이런 '결핍의 세계관'이 내재화하게 되면 필연적으로 제로섬$^{zero-sum}$ 게임을 벌이게 되는 것이다. 부족한 자원과 사랑을 쟁취하기 위해 자신보다 더 나은 재능과 돈과 외모를 가진 사람들과 끊임없이 비교하며 남보다 조금이라도 더 차지하기 위해 처절한 생존경쟁을 벌이는 것이다. 이는 시기, 질투, 미움, 다툼 같은 부정적 감정들을 낳고 결국 더 큰 두려움을 만들면서 파괴적인 악순환을 일으킨다.

히틀러가 당시 경제적, 사회적 어려움으로 두려움과 의심, 불안이 만연했던 독일 사회를 결핍의 세계관으로 이끌며 유대인들과 소수민족들을 학살하고 제2차 세계대전을 일으켰던 것을 떠올려보면 쉽게 이해할 수 있을 것이다.

다음 성서 구절은 사랑과 두려움의 관계에 대해 잘 나타내주고 있다.

사랑에는 두려움이 없습니다. 완전한 사랑은 두려움을 몰아냅니다. 두려움은 징벌을 생각할 때 생기는 것입니다. 그러므로 두려움을 품는 사람은 아직 사랑을 완성하지 못한 사람입니다.

_「요한 1서」 4장 18절

두려움이라는 강력한 힘을 이겨낼 유일한 힘은 바로 사랑이라는 의미다. 다시 한번 강조하자면 사랑과 두려움과 그로 인해 발생하는 긍정적/부정적 감정들은 네잎클로버 제1법칙 공명의 법칙에 의해 그와 비슷한 파장을 지닌 일들을 강력히 끌어당기며, 그것들을 현실화한다. 그리고 이것은 개인의 삶뿐 아니라 사회 그리고 나아가 전 세계에 영향을 끼친다. 마더 테레사가 창조했던 평화의 세상과 히틀러가 만들어낸 전쟁의 세상처럼 말이다.

당신은 어떤 세상을 창조하기 원하는가? 사랑의 세상인가, 두려움의 세상인가?

그것은 바로 당신이 어떤 감정을 선택하느냐에 달려 있다.

> ### 행 · 운 · 포 · 인 · 트
>
> 사랑 VS 두려움 = 평화 VS 전쟁

감정의 연금술

바다에 언제나 순풍만 부는 것이 아니다. 따라서 오직 순풍만을 기대하고 역풍이나 폭풍에 대한 대비 없이 바다에 나갔다가는 큰 낭패를 당하고 말 것이다.

마찬가지로 인생이라는 바다를 항해하는 동안 언제나 긍정적인 감정만을 느끼며 살아갈 수는 없다. 만약 언제나 좋은 감정만을 느끼고 싶다는 비현실적인 기대를 가지고 살아간다면 큰 좌절과 실망감을 맛보게 될 것이다. 즉 순조로운 항해를 위해 순풍뿐 아니라 역풍을 활용하는 법을 익혀야 하듯이 인생이라는 항해에 있어서도 밝은 감정뿐 아니라 어두운 감정들을 활용하는 법도 익혀야 한다. 이번에는 어둠의 감정들을 아름답게 승화시킬 수 있는 감정의 연금술에 대해 소개해보도록 하겠다.

미리암 그린스팬Miriam Greenspan 박사는 '여성주의 심리학의 창시자'로 심리학계에서 프로이트와 융에 버금가는 칭송받고 있는 저명한 심리학자다. 그녀는 첫아이를 잃은 깊은 슬픔과, 두번째 아이의 신체적 장애를 극복해낸 자신의 삶의 고통에 대한 실제 체험에 근거해 우리의 마음속 어두운 감정들에 대한 새로운 시각을 발전시켰다.

미리암 박사는 30여 년에 걸친 심리학, 생태학 그리고 여성에 대한 연구를 대표하는 저서 『감정 공부』에서 어둠의 감정을 다루는 법에 대해 다음과 같이 설명하고 있다.

우리의 마음을 가장 힘들게 하는 감정은 깊은 슬픔, 절망 그리고 두려움이다.

이 어둠의 감정들은 몸속에 존재하는 에너지로, 우리를 둘러싼 문화로부터 습득해온 믿음들에 의해 왜곡되어 있다. 이들의 목적은 우리를 비참하게 하거나, 화나게 하거나, 치욕스럽게 하거나, 약하게 하거나, 패배시키는 것이 아니다. 이들은 우리에게 우리 자신, 타인들 그리고 세상에 대한 사랑으로 마음을 열도록 가르치고, 우리가 우리의 삶을 치유하고 변화시킬 수 있도록 돕는 것을 목적으로 한다.

깊은 슬픔, 절망, 그리고 두려움은 가장 기본적인 인간 감정이다. 이러한 감정들 없이는 완전한 인간일 수 없고, 살아가기도 힘들다.

깊은 슬픔은 우리가 외롭지 않기 때문에 일어나며 우리의 영혼을 치유하고 새롭게 하는 것을 가능하게 한다.

절망은 우리에게 명백한 혼돈 또는 의미 없음의 한가운데에서 의미를 찾을 것을 부탁한다. 괴로움 속에서 삶의 의미를 만들어내는 것은 불행 속에서 살아남고 불행을 초월할 수 있는 인간 능력의 기초를 이룬다.

두려움은 우리에게 우리의 생존을, 자기보호 본능을 넘어 타인들의 생존까지 보호하라고 일깨워준다. 그들에게 귀기울이는 법을 알 때, 우리는 우리의 자각 능력을 보호대로 삼아, 마치 파도를 타듯, 그 감정에 올라탈 수 있다. 그때 감정 에너지가 흐르고, 마음속에 숨겨져 있던 문이 열린다. 그리고 무엇인가가 변한다. 고통이 고귀한 영적인 힘으로 바뀌는 변화가 일어나게 된다. 이것이 바로 도처에 널려 있는 흔하디 흔한 것들이 어느 고귀한 것으로 변화하는 감정의 연금술이다. 고통스럽지만, 그 한가운데서 성스러운 힘을 찾아내는 것, 이것이 어둠의 감정의 연금술이다. 이 연금술을 통해, 깊은 슬픔은 우리가 잃어온 것들에 대한 슬픔으로부터 아직 남아 있는 것들에 대한 감사로 우리를 옮겨준다. 부서지기 쉬운 삶에 대한 두려움은 열려 있는 충만한 삶의 환희로 승화된다.

이와 같이 이 어둠의 감정들이 가지고 있는 목적은 우리가 그들을 주의깊게 경험할 때, 그들의 격렬한 에너지를 견뎌낼 때, 그들을 그들에게 놓아둘 때에야 비로소 명백해진다. 불행하게도 우리는 이러한 감정을 두려워하고 가치를 폄하하는 문화 속에서 어떻게 해야 하는지를 배우지 못했다. 감정 공포증은 어둠의 감정을 독으로 만들어, 우리의 마음이 혼란스럽고 무감각하며 침울하고 조바심 나고 소외당하고 외롭도록 만든다. 감정 공포증이 만연한 문화에서, 우리는 우리를 아프게 하는 것과 친하게 지내는 게 우리를 다치게 만들 것이며, 그것을 억누르고 피하는 게 더 낫다는 생각을 내면화한다. 그러나 이런 방식은 결국 상황을 악화시킬 뿐이다. 우리가 짊어지고 다니는 문화라는 짐짝은 우리를 내리누르는, 감정 연금술이라는 예술을 훼방 놓는 장애물이다. 그러나 우리가 날 때부터 어둠의 감정에 대해 편견을 가지고 있었던 것은 아니다. 우리는 어둠의 감정을 경험하는 방법을 변화시

킴으로써 그들이 그 자신으로 있게 하는 것의 자유와 힘을 맛볼
수 있다.[41]

마치 고대의 연금술사들이 어떤 것도 버리거나 그 특성을 바
꾸지 않고 모든 것을 있는 그대로 솥 안에 집어넣듯이 우리가 부
정적으로 낙인 찍고 있는 어둠의 감정들도 우리의 성장과 치료에
필요하다고 바라보는 관점이 '감정 연금술'의 핵심이다.

하지만 불행하게도 우리는 어둠의 감정들을 건설적으로 활용
하기보다는 그것들을 피하고 억누르는 것이 더 낫다고 가르치는
문화 속에서 자라왔다. 그렇다면 과연 우리는 우리의 어두운 감
정을 어떻게 다루어야 할까?

시카고 대학 심리학과 유진 T. 젠들린Eugen T. Gendlin 교수에 따
르면 우리의 감정은 인정이나 공감을 받지 못하면 변하지 않고
그 감정 상태에 머물러버린다고 한다. 하지만 감정을 인정하고 소
중히 여기면 저절로 좋은 상태로 변화한다고 한다. 감정을 어루
만진다는 건 있는 그대로 인정해주는 것을 의미한다. 예를 들면
우리 안에 어떤 감정이든 떠오르면 스스로에게 '그래, 난 어떤 감
정이든 느낄 수 있어. 내 안에 있는 감정을 소중히 여길 거야. 어
떤 감정이 느껴지던지 참거나 무시하지 않고, 있는 모습 그대로
인정해줄 거야. 감정아, 실컷 이야기해보렴. 내가 언제나 곁에서
귀기울이며 함께 해줄게'라고 말하며 자신의 감정을 있는 그대로

수용해주어야 한다는 의미다.[42]

즉 감정은 판단하고 분석하는 식으로 다루기보다는 있는 그대로를 받아들이고 공감하는 방식으로 다루는 것이 훨씬 효과적이다. 마치 엄마가 우는 아이를 품에 안고 달래듯, 아무것도 모르는 아이에게 이성적인 설득보다는 엄마의 전폭적인 수용이 훨씬 효과적이듯이 말이다. 이것이 네잎클로버의 배양토를 비옥하게 만드는 영양분인 감정을 다루는 연금술이다.

잠시 책 읽기를 멈추고 스스로에게 이야기해주자.

"○○야. 넌 어떤 감정이든 느낄 수 있어. 어떤 감정을 느끼든지 있는 그대로 괜찮아."

행 · 운 · 포 · 인 · 트

어떤 감정이든 있는 그대로 인정하고 수용하라.

장점 VS 단점

자기 자신에 대해 가지고 있는 부정적인 감정은 왜 생겨날까?

많은 경우 스스로에 대한 부정적인 감정들은 자신을 남들과 비교하면서 자기 단점에 주의를 기울일 때 생겨난다. 남들에 비해 마냥 부족해 보이고 초라해 보이는 자신의 단점을 바라보며 실망하고 좌절하기 때문이다.

하지만 장점과 단점 모두 소중한 우리의 모습이다. 게다가 그 둘을 딱 잘라 구분하기도 어렵다. 장점과 단점은 동전의 양면과 같아서 상황에 따라 장점도 되고 단점도 되기 때문이다.

예를 들어보자. 의지가 아주 강한 사람이 있다. 상황이 어려울 때 그 의지는 분명 큰 장점이 될 것이다. 하지만 그런 사람일수록 고집도 세기 때문에 자칫 잘못된 판단을 밀고 나갈 가능성이 크다. 그럴 땐 강한 의지가 단점이 되고 만다.

우유부단한 성격도 마찬가지다. 상황이 다급하거나 빠르게 의사결정을 내려야 할 땐 우유부단한 면이 분명 단점이 되지만, 신중한 판단이 필요할 때 오히려 장점이 될 수 있다. 우유부단한 성격 덕에 여러 사람의 의견에 귀기울일 수 있는 여유를 가질 수 있기 때문이다.

이와 같이 우리의 장점과 단점을 명확히 말하기 어렵다면 우리 또한 우리 스스로에 대해 다른 이들과 비교하면서 불필요한 부정적인 감정에 시달릴 필요는 없다.

정신과 의사들은 환자가 어떤 상태일 때 퇴원 허가를 해야 하는지 판단하는 것이 가장 어렵다고 한다. 다음은 일본의 정신과 의사인 나카이 교수가 고심한 끝에 생각해낸 '건강한 정신의 기준' 가운데 일부다.

− 하기 싫은 일은 자연적으로 나중으로 미루는 능력.

− 가능하면 그만두고 싶다고 생각하는 능력.

− 혼자 있을 수 있는 능력, 또 둘이 있을 수 있는 능력도 필요.

− 거짓말하는 능력.

− 적당히 타협하는 능력, 고집을 부리지 않는 능력.

− 하지 않으면 안 된다고 하는 기분에 대항할 수 있는 능력.

− 정신을 무리하게 통일시키지 않는 능력.[43]

자기 자신에게 너무 엄격한 기준을 적용하던 사람이라면 위의 기준들이 제법 위로가 되어줄 것이다. 필자 역시 위의 지침들을 읽은 후 과도한 자기반성이나 비판의 횟수를 줄일 수 있었다.

심리학자 카를 융 또한 자신이 되고 싶은 인간상에 대해 다음과 같이 말했다.

"나는 선하기만 한 사람이 되기보다 온전한 사람이 되고 싶다. 온전함이란 빛과 어둠을 모두 포함하는 것이다. 어두운 그림자란 우리가 외면하거나 숨기고 싶은 자신의 또다른 모습을 의미한다."

행운을 창조하고 싶다면 지금 당장 이렇게 말해보자.

"내가 어떤 모습이어도 난 있는 그대로의 내가 정말 좋아."

"행복해, 지금의 내가 최고야!"

내 마음과의 혁신적 대화

우리의 감정을 멋지게 어루만져줄 수 있는 간단하고 효과적인 대화법을 소개하도록 하겠다.

이 멋진 대화법의 이름은 비폭력 대화법^{Non-Vilolence Communication}이다. 일명 NVC 대화법, 혹은 공감 대화법이라고도 불리는 이 대화법은 마셜 로젠버그^{Marshall B. Rosenberg} 박사에 의해 '스스로와 혹은 사람들과 공감과 연민의 마음으로 연결되는 것을 목적'으로 창안되었다. NVC 모델의 4단계를 간단하게 소개하면 다음과 같다.

1단계_ 관찰: 우리 삶의 구체적 행동을 관찰한다.

2단계_ 느낌: 관찰한 바에 대한 우리의 느낌을 표현한다.

3단계_ 욕구: 그러한 느낌이 들게 하는 욕구, 가치관, 소망 등을 찾아낸다.

4단계_ 부탁: 우리 삶을 풍성하게 하기 위한 구체적 행동을 부탁한다.

구체적인 방법은 다음과 같이 말할 때와 들을 때로 나뉜다.

* 말할 때

1. 관찰, 느낌, 욕구, 부탁을 바탕으로 상대를 비난, 비판하지 않으면서 자기 마음 안의 움직임을 솔직하게 표현한다.

2. 원만한 소통을 위해서 내가 한 말이 내가 뜻한 대로 전해졌는지 확인한다. 자신이 원하는 것과 상대방이 원하는 것을 동등하게 존중하면서 모두의 욕구가 평화롭게 충족될 수 있는 방법을 찾을 때까지 대화를 계속한다.

* 들을 때

1. 자신의 생각, 선입견, 기대, 추측을 근거로 조언을 하거나 가르치려 하지 말고 상대방 입장을 최대한 공감하며 듣는다.

2. 상대방이 비판적이고 자극적인 말로 나를 비난할 때, 그 말은 단지 그의 욕구불만으로 인한 극단적 표현일 뿐이며, 나와는 전혀 상관없다는 것을 상기한다.

3. 상대방이 자기 자신의 느낌과 욕구에 대해 잘 이해하고 표현할 수 있도록 돕는다.

4. 상대방이 충분히 이해받았다고 느낄 때까지 들어준다. 서로 공감대가 형성된 후 해결방법을 찾는다.[44]

비폭력 대화법은 간단하면서도 탁월한 효과로 인해, 스스로의 내면적 갈등 해결은 물론 경찰과 조직폭력단의 갈등 해결, 팔레스타인과 이스라엘 간의 국제 갈등 해결에 이르기까지 범사회적, 전 세계적으로 널리 활용되고 있다. 필자가 직접 배워 활용해본 결과 다른 이들과의 대화에서뿐 아니라 자기 자신과의 대화에도 큰 효과가 있었다. 여러분에게도 NVC가 멋진 경험이 되길 바란다.

1. 행운을 원하는가? 당신의 감정을 제대로 이해하라.

2. 믿음과 희망과 사랑, 이 세 가지는 언제까지나 남아 있을 것입니다.
   이중 가장 위대한 것은 사랑입니다. _성서

3. 두려워할 것이 있다면 그것은 바로 두려움 자체다. _루즈벨트

4. 사랑 VS 두려움 = 평화 VS 전쟁

5. 어떤 감정이든 있는 그대로 인정하고 수용하라.

6. 선하기만 한 사람보다 온전한 사람이 되자.

7. 판단의 대화보다는 공감과 연민의 대화가 우리를 연결시켜준다.

4단계 행운의 다이어리

1. 무의식적으로 자주 느끼는 감정들을 파악해보자.

부정적인 감정	긍정적인 감정
분노	기쁨
슬픔	행복
무기력함	감사
두려움	사랑

2. 내 안의 사랑과 두려움에 대해 생각이 떠오르는 대로 적어보자.

내가 두려워하는 것	내가 사랑하는 것
시험	가족
발표	꽃
실패	하늘
거절	취미생활

3. 비폭력 대화를 배워보자.
- 3. 1 책 읽기
 마셜 로젠버그, 『비폭력 대화』, 캐서린 한 옮김, 한국NVC센터, 2011

- 3. 2 세미나 듣기 및 스터디 참여하기: 한국비폭력대화센터(http://www.krnvc.org)

Let it be! 행운이 찾아올 것이다

5단계 핵심 내용: 이완의 힘

　　행운의 법칙 5단계는 '성장의 비밀' 단계다. 현명한 농부는 땅에 씨앗을 뿌리면, 자연의 법칙에 따라 따사로운 햇빛과 시원한 빗줄기가 씨앗에서 싹을 틔우고 열매를 맺게 한다는 자연의 순리를 잘 이해하고 있다. 마찬가지로 싱싱한 네잎클로버를 기르기 위해 좋은 땅에 좋은 씨앗을 골라 심고 꾸준히 물을 주고 충분한 영양분을 공급한 후에는 느긋하게 기다리는 여유와 쉼이 필요하다는 것이 5단계의 요점이다.

　　필자의 경우는 어린 시절부터 치열한 입시경쟁 속에서 자랐기에 공부에 대한 압박감 때문에 하루도 맘 편히 쉬어본 기억이 없다. 이로 인해 늘 쉽게 피곤해지고 초조해졌으며 월요일이 오는 것이 싫기만 했다. 하지만 창의적이면서도 생산적으로 살아가기 위해서는 집중적인 몰입과 이완된 휴식을 리드미컬하게 반복하는 것이 중요하다는 것을 여러 명문 학교들에서 공부하고 또 여러 가지 다양한 프로젝트를 경험하면서 깨닫게 되었다. 이번 5단계를 통해 여러분이 바라는 행운을 기다리는 동안 여유와 휴식을 가질 수 있기를 기대해본다. Good Luck!

행운을 효과적으로 끌어당기기 위해서는 노력을 아껴야 한다. '말도 안 되는 소리!'라고 생각하는 사람이 많을 것이다. 우리는 이제껏 '성공하려면 피땀 어린 노력을 아끼지 마라' '성공을 위해서는 고생과 고통을 감수해야 한다'는 식의 충고를 수도 없이 들으며 살아왔기 때문이다. 하지만 이런 가르침들은 행운의 법칙 4단계에서 자세히 살펴봤던 두려움이 창조해내는 결핍의 세계관에 뿌리를 두고 있다.

억척스럽게 싸워 쟁취하며 살지 않으면 아무것도 이루지 못할 것이라는 불안과 초조함과 조바심에 사로잡혀, 억지로 하기 싫은 노력을 하며 그렇게 아등바등 살아가는 것을 '성실한 노력'이라고 배워온 것이다.

물론 그런 가르침에 따라 힘겨운 노력을 하다보면 성취감과 기쁨을 맛볼 때도 있을 것이다. 하지만 하기 싫은 일을 억지로 하려다보니 쉽게 지치거나 하던 일을 중단하게 되고 그런 자신을 보며 약한 정신력을 탓하게 된다. 하지만 여기 디팩 초프라 박사 Deepak Chopra가 들려주는 희소식이 있다. 『타임』이 선정한 '20세기 100대 인물' 중 한 명인 디팩 초프라 박사는 인도 뉴델리에서 태어나 하버드 의대에서 공부하며 고대 인도의 전통 치유과학인 아유르베다와 현대 의학을 접목하여 '심신상관의학 Mind-Body

Medicine'이라는 분야를 창안한 대체의학의 선두주자다. 그는 자연계를 움직이는 것은 아주 최소한의 노력이며 우리의 경우도 이와 같아야 한다고 주장한다.

자신의 밀리언셀러『풍요로운 삶을 위한 일곱 가지 지혜』에서 다음과 같이 최소 노력의 법칙을 다음과 같이 소개한다.

자연이 돌아가는 모습을 찬찬히 관찰해보면 그 안에는 가장 적은 힘, 즉 최소의 노력이 들어가고 있음을 알 수 있다. 풀은 자라려고 애쓰지 않아도 그냥 자라고, 꽃은 피어나려고 애쓰지 않아도 핀다. 물고기는 헤엄치려고 애쓰는 것이 아니라 그저 헤엄칠 뿐이다. 새들은 날려고 애쓰지 않아도 난다. 이것이 그들의 본성이다. 지구는 지축을 중심으로 돌려고 애쓰지 않는다. 지구의 본성은, 눈이 핑핑 돌 만큼 빨리 자전하면서 우주 공간 속을 돌진하듯 공전하는 것이다. 벙긋벙긋 웃으며 기뻐하는 것은 아기의 본성이다. 환히 빛나는 것은 태양의 본성이다. 반짝이는 것은 별의 본성이다. 그리고 자신의 꿈을 쉽게, 힘 안 들이고 구체적인 형태로 이루어내는 것은 또한 인간의 본성이다. 인도의 오래된 철학인 베다 학문에서는 이 법칙이 '노력 아끼기'의 원칙으로, 또는 '적게 행하고 많이 이루기'의 원칙으로 알려져 있다. 결과적으로 우리가 원하는 것을 무엇이든 얻을 수 있는 궁극적인 비밀은, 그것을 필요로 하지 않으면서 원하는 것이다. 결과에 집착하지 않을 때 비로소 목표로 하는 것을 방해하는 모든 것과 단절할 수 있다. 당신이 목표를 천명하고 그것의 달성에 관계없이 당신이 행복할 때에만 흡인력이 작동한다. 이것은 미묘한 균형의 문제다. 동시에 우주의 원리가 작동하는 비밀이기도 하다. 다시 말해 당신이 일상생활 속에서 어떤 목표를 달성하려고 분투할 때 당신 속에 존재하는 또다른 자아가 이것을 방해하기 시작한다. 그러나 당신이 내면의 평온함을 유지하고 그 평온함을 당신 힘의 원천으로 삼아, 당신이 바라는 소망의 흐름에 자연스럽게 몸을 맡길 경우 그 소망을 이룰 가능성은 훨씬 높아진다. 당신이 유지하는 평화가 평화를 부를 것이다.[45]

디팩 초프라 박사의 말처럼 행운을 이루기 위해서 무조건 많은 노력이 필요한 것이 아니다. 우리가 창조하고 싶은 행운에 필요한 가장 적절한 최소량의 노력이면 된다. 그러나 말은 쉽지만 이해하기 쉬운 개념은 아니다. 필자도 이 개념을 제대로 이해하는 데 4년 반이 넘는 세월이 걸렸다. 다음 장들을 통해 최소 노력의 몸가짐과 마음가짐에 대해 하나씩 구체적으로 설명해나가도록 하겠다.

행 · 운 · 포 · 인 · 트

즐거운 성공을 위해서 지나친 노력을 아끼자!

최소 노력의 법칙을 따르기 위한 몸가짐은 어떠해야 할까?

이스라엘 출신의 세계적 팬터마임 배우이자 오스트리아 빈의 막스라인하르트-세미나 연극학과 교수인 새미 몰효[Samy Molcho]는 일이 잘 풀리지 않을 때, 어려운 일이 닥쳤을 때 '정신을 똑바로 차리는' 대신 '힘을 빼고 긴장을 풀라'고 말한다. 우리가 흔히 생각하는 것처럼 잔뜩 기합을 넣는 것은 문제 해결에 별 도움이 되지 않으며, 몸과 마음의 긴장이 풀려야 창의적이고 새로운 사고가 가능하다는 것이다. 그는 다음과 같이 말한다.

사실 젊은 시절에 우리가 "전력을 다하라!"는 구호를 얼마나 자주 들어왔는가?

그러나 나는 이 구호가 완전히 그릇된 명제라고 생각한다. 나 같으면 뭔가 일이 잘 안 되면 "긴장을 풀어!"라고 말할 것이기 때문이다. 긴장을 풀어야만 사고의 흐름이 되돌아오며, 그럼으로써 새로운 생각과 기억을 되살려 잃어버린 상관관계를 되짚어볼 수 있다.[46]

필자는 유학 준비의 스트레스 관리와 건강을 위해 태극권을 시작해 현재까지 7년째 수련을 하고 있는데 지난 7년 동안 태극

권 스승님으로부터 하루도 빠지지 않고 듣는 말이 바로 "힘 빼라!"는 말이다. 태극권에서 진정한 큰 힘〔眞力〕을 쓰기 위해서 가장 기본이 되는 것은 우리 몸의 잘못된 힘, 불필요한 힘〔拙力〕을 빼는 것이기 때문이다. 행운을 창조하기 위한 몸가짐 역시 마찬가지다. 편안하게 심신을 이완하는 것이 시작이다.

다 잘될 거야

이번에는 최소 노력의 법칙을 위한 마음가짐에 대해 알아보도록 하자.

앞에서도 여러 번 언급한 사이토 히토리 씨는 필자가 가장 존경하는 정신적 스승 중 한 분이다. 국내에 번역된 히토리 씨의 책은 물론이고 그 제자들의 책도 수십 번씩 읽었다. 히토리 씨를 이렇게 좋아하는 이유는 간단하다. 그의 책을 읽으면 기분이 좋아지기 때문이다.

하버드로 유학을 떠날 때 책장에 있는 3천 권의 책 가운데 단 3권의 책을 가지고 갔는데, 그중 한 권이 바로 사이토 히토리 씨의 『1퍼센트 부자의 법칙』이라는 책이었다. 유학 생활 내내 그 책을 날마다 읽었다. 히토리 씨의 많은 가르침 중에서도 다음 구절은 특히 필자의 마음에 평안을 가져다주었다.

흔히 사람들은 인생에 실패하지 않을까 하는 불안감 때문에 불안해하거나 짜증을 내고 눈꼬리를 치켜뜨고 화를 낸다. 하지만 절대로 실패하지 않는다고 반드시 일이 잘 풀릴 것이라고 생각하면 불안하거나 화를 내거나 짜증내고 싶은 마음이 들지 않는다. 어차피 나는 잘될 것임을 굳게 믿기 때문에 긴장하거나 화를 낼 필요가 없는 것이다. 인생에서 잘될 것인지를 불안하게 생각하는 사람이나, 혹시 실패할지도 모른다고 생각하는 사람은 매일 엄청난 에너지를 들여가며 쓸데없이 긴장하며 불안해하고 걱정하고 화를 낸다. 하지만 나는 정말 행복하다. 힘들지 않기 때문이다. 그래서 내일을 걱정하지 않는다. 물론 걱정되는 일도 있다. 하지만 그래도 크게 신경쓰지 않는다. 나는 운이 좋기 때문이다. 운이 좋으니까 힘든 상황에 빠지지 않을 자신이 있다. 어차피 잘될 거니깐 걱정하지 않는다.[47]

사이토 히토리 씨의 제자 오마타 간타가 쓴 『부자 멘토와 꼬마 제자』라는 책에도 이러한 가르침이 잘 나와 있다. 간타 씨는 건어물을 파는 부모님 밑에서 자랐는데, 어릴 때부터 장사에 관심이 많아서 일찌감치 부모님이 하는 일을 도왔다. 하지만 간타 씨의 급한 성격으로 인해 많은 말썽을 일으켰다고 한다. 예를 들면 부모님을 믿고 가게 직원들 앞에서 잘난 척을 하다가 원성을 사기도 하고, 아무 효과도 없는 광고지를 뿌리느라 가게에 큰 손해를 끼치기도 한 것이다.

하지만 간타 씨가 기가 팍 죽어 히토리 씨를 찾아가면, 항상 빙그레 웃으며 이렇게 말해주었다고 한다.

간타야, 괜찮다. 도전하지 않는 사람은 실패도 하지 않는다. 인간은 원래 완벽하지 않은 존재야. 예외는 없지. 자기는 완벽하다고 큰소리치는 사람도 있지만, 그런 사람이 되어서는 안 돼. 간타야, 인생이란 원래 실패의 연속이란다. 문제는 거기서 멈출 것인가, 다음 단계로 나아갈 것인가 결정하는 거지. 이번 실패를 다음에 어떻게 활용할 것인가에 대해 생각할 수 있다면 실패를 즐길 수도 있겠지. 뭔가가 변한다는 것은 멋진 일이야. 새로운 일이 기다리고 있는 거니까. 실패를 한번 즐겨보렴. 세상에 불가능한 일은 없어. 하지만 시도하지 않으면 아무것도 이룰 수 없겠지?[48]

앞서 행운의 법칙 3단계에서 언급했던, 사이토 히토리 씨의 천 번의 법칙에서 가장 중요한 점은 '절대 노력하지 말아야 한다'는 것이라고 한다. 예를 들면 이를 악물고 "반드시 천 번을 반복하고야 말겠어!"라며 기합을 넣으면 안 된다는 것이다. 천 번이라는 숫자를 의식하며 스스로에게 부담을 주는 상태에서 말을 반복하는 것은 의미가 없으며, 자연스럽고 편안한 마음으로 무의식적으로 내뱉는 것이 가장 이상적이라고 한다. 사이토 히토리 씨는 행복한 부자가 되기 위해 가장 중요한 것은 편안한 마음과 이완된 몸 상태에서 하는 혼잣말과 그 횟수라고 말한다.[49]

마음이 불안하거나 초조할 때, 그냥 혼잣말처럼 중얼거려보자. "어차피 다 잘될 거야!"

> 행 · 운 · 포 · 인 · 트
>
> 최소 노력을 위한 마음가짐은 '어차피 다 잘될 거야'라고 믿고
> 편안한 마음을 가지는 것이다.

좋은 노력 VS 나쁜 노력

자, 이쯤에서 좋은 노력과 나쁜 노력에 대해서 살펴보도록 하자. 노력에 무슨 좋은 노력이 있고 나쁜 노력이 있단 말인가 하는 생각이 들 것이다. 하지만 분명히 노력에는 좋은 노력과 나쁜 노력이 있다. 앞에서 최소 노력의 법칙에 관한 글들을 읽으면서, '노력하지 말라는 얘기 아냐?' 혹은 '노력하지 않아도 그냥 저절로

된다는 이야기인가?' 하는 생각을 한 독자들도 있을 것이다. 하지만 반드시 명심해야 할 점이 있다. 최소 노력의 법칙은 앞서 설명한 네잎클로버 제4법칙에서 설명한 '인과의 법칙'에 기반을 둔다는 점이다. 즉 원인 없이는 결과도 없다.

생물학에는 역치閾値라는 개념이 있는데, 이것은 어떤 자극에 반응을 하기 위한 최소한의 자극의 세기를 의미한다. 마찬가지로 어떤 일을 할 때에도, 그 일에 필요한 역치 이상의 노력을 쏟아야 하는 것은 당연하다.

이에 대해서는 전설적인 투자가 존 템플턴John Templeton 경의 이야기를 빌려 좀더 설명해보도록 하겠다.

예일 대학교를 수석으로 졸업한 뒤 영국 옥스퍼드 대학교를 장학생으로 다녔던 수재이자 '월스트리트의 살아 있는 전설' '영적인 투자가'로 불렸던 존 템플턴 경은 행운이란 우리 스스로 만들 수 있는 선택권이라고 말한다. 자신이 할 일을 제대로 하고, 적절한 목적과 지향을 가지고, 늘 기회를 맞을 준비를 한다면 누구나 행운아가 될 수 있다는 것이다.

여기까지 읽은 독자들 중에서는, '에이, 그럼 이제껏 귀에 못이 박히게 들었던 '노력하라'는 명제랑 무슨 차이가 있어?'라고 생각할 분이 있을지 모르겠다. 그런 분들을 위해 '지나친 노력'에 대해 좀더 설명해보도록 하자.

분명 행운을 창조하는 데는 네잎클로버 제4법칙인 인과의 법칙에 따른 '역치 이상의 노력'이 반드시 필요하다. 행운의 클로버 씨를 뿌리고 적절히 돌봐야지만 네잎클로버가 자랄 수 있는 것처럼 말이다. 하지만 이러한 노력이 지나쳐서, 두려움과 불안, 걱정, 근심에 싸여 뿌리가 내렸나, 얼마나 자랐나, 안절부절못하며 수시로 흙을 파보고, 물은 지나치게 자주 많이 주고, 빠르게 자라게 하고 싶다며 줄기를 조금 뽑아보기도 하면서 조바심을 낸다면 네잎클로버는 못 견디고 죽고 말 것이다.

마찬가지로 우리가 어떤 일을 할 때에 '역치 이상의 충분한 노력'을 기울인 후에도 걱정과 두려움에 휩싸여 안절부절못하면 우리의 노력은 '나쁜 노력'이 되어버린다. 그리고 그 결과 네잎클로버 제2법칙 저항의 법칙이 작용하여 우리가 노력하는 방향과 반대 방향으로 저항력이 작용하게 된다. 따라서 노력을 할 때에는 그것에 푹 빠져들어 즐길 수 있는 몰입의 순간들을 가능한 한 많이 가지고, 과정 자체를 즐기는 것이 중요하다.

사이토 씨는 노력에 대해 다음과 같이 강조한다.

일의 성공에는 특별한 재능이나 힘겨운 노력이 필요하지 않다. 우주의 법칙을 이해하는 것만으로도 충분하다. 하지만 억지로 공부나 운동을 해왔을 경우, 자신도 모르는 사이에 노력과 근성을 갖추게 되고 이런 잘못된 노력과 근성은 오히려 방해가 될 수 있다.

연구를 할 때도 노력을 미덕으로 삼는 성실한 사람은 열심히 노력한다. 하지만 궁극적으로 멋진 아이디어는 순간적인 번뜩임에서 얻을 수 있다. 전혀 고통스럽지 않은 편안한 상태에서 떠오르는 아이디어가 가장 바람직하다. 반면에 고통스러운 상태에서 떠오른 아이디어는 제아무리 멋진 것이라 해도 고통밖에 안겨주지 않는다.[50]

즉, 어떤 일을 할 때는 그 일에 필요한 역치 이상의 노력을 한 후, '나는 운이 좋으니깐 결국 다 잘될 거야'라고 믿고, 느긋한 마음으로 네잎클로버의 성장을 기다려야 한다는 것이다. 결과에 대한 초조함과 불안, 두려움에 떠는 마음은 오히려 역효과만 초래한다. 네잎클로버의 제2법칙 저항의 법칙이 작용하기 때문이다.

■ 좋은 노력 부등식

노력의 역치 〈 푹 빠져 즐기는 노력 〈 두려움, 초조, 불안으로 하는 노력

행·운·포·인·트

물을 끓이기 원한다면 100℃의 열만 있으면 된다. 나머지는 낭비다.

『테니스 이너게임 *Inner Game of Tennis*』은 스포츠계의 역사를 바꾼 기념비적인 책으로 널리 알려져 있다. 책의 저자 티모시 걸웨이[Timothy Gallwey]는 하버드 대학 재학시 테니스 팀 주장을 맡았고, 미국 최고의 사립학교 중 하나인 필립스 아카데미에서 테니스를 지도하던 중 이너게임이라는 획기적인 학습과 코칭의 방법을 개발했다. 이 경험을 바탕으로 1974년에 저술된『테니스 이너게임』은 세계적 베스트셀러가 되었으며 이때부터 이너게임 원리는 스포츠, 교육, 기업 경영, 의료, 음악 등 다양한 분야에 적용되기 시작했다.

이 책의 원제를 우리말로 쉽게 풀어보면, '마음으로 배우는 테니스'라 할 수 있는데, 이 책을 관통하는 핵심은 다음과 같다.

우리 안에는 셀프1과 셀프2라는 두 개의 자아가 공존하고 있는데, 주로 판단하고 비판하고 깎아내리는 내면의 비판자인 셀프1의 모드를 끄고 우리의 본연에 가까운 셀프2의 모드를 켜면 누구라도 큰 노력 없이 무엇이든 자연스럽게 배울 수 있다는 것이다.[51]

이해를 돕기 위해 위의 개념을 도표로 나타내보면 다음과 같다.[52]

셀프 1	셀프 2
1) 지난 일을 비난하고 판단한다. : "도대체 내가 왜 그렇게 한 거지?"	1) 판단하는 마음 없이 지금 이 순간의 행동을 관찰한다. : "흠, 잘 안 되네?
2) 스스로에게 명령하며 고치려 든다. : "미치겠네, 어떻게든 제대로 해야 해!"	2) 바라는 결과를 마음속에 그린다. : "괜찮아, 할 수 있을 거야!"
3) 열심히 시도한다. 고치고 제대로 하기 위해 노력한다. : "그래, 이제부터라도 열심히 하는 거야!"	3) 저절로 일어나게 하고 내 자신을 신뢰한다. : "와, 조금씩 나아지고 있는걸!"
4) 결과에 대해 비난하고 판단한다. 악순환을 반복한다. : "역시 안 돼. 내가 원래 그렇지 뭐."	4) 판단하지 않으며, 결과를 고요히 관찰하고 지속적으로 배워간다. : "그래, 한 번 더 해봐야지."

즉, 셀프1의 긴장된 상태가 아닌, 셀프2의 자연스럽게 이완된 상태에 있을 때, 우리의 배움은 가장 효과적이며 극대화된다. 따라서 행운을 창조하기 위한 우리 마음의 모드도 셀프2 모드가 되어야 한다.

셀프2 모드는 스포츠계에서 '존^{Zone}'이라는 현상으로 알려져 있으며, 창의성 연구로 유명한 미하이 칙센트미하이$^{M.}$ ^{Csikszentmihalyi} 박사가 전 분야에서 최고 수준의 탁월한 성과를 이루는 사람들을 연구하는 가운데 발견한, 공통적으로 경험하는 '몰입 상태^{Flow}'로도 잘 알려져 있다.

멋진 행운을 원하는가? 그렇다면 셀프 2의 스위치를 켜라!

행 · 운 · 포 · 인 · 트

Self 1 Off, Self 2 On!

유대인 천재성의 비밀

유대 민족은 인구 1300만 명으로 전 세계 인구의 0.2퍼센트밖에 안 되지만 역대 노벨상 수상자의 30퍼센트, 미국 아이비리그 학생의 25퍼센트, 세계 억만장자의 30퍼센트를 차지한다. 하버드 재학생 비율만 봐도 한·중·일 동북 아시아계 학생 비율이 4.25 퍼센트인데 비하여 유대 민족은 30퍼센트에 가까울 정도로 유독 천재가 많은 민족으로 알려져 있다.

스탠퍼드 대학의 한 심리학자는 이러한 유대 민족의 비밀이 뛰어난 IQ에 있을 것이라는 가정하에, 조사를 해보았으나 유대인들의 IQ가 타민족에 비해 두드러지게 우수하지 않다는 결과를 얻었다. 그렇다면 유대 민족의 천재적 재능의 비밀은 무엇일까? 그 비밀은 바로 안식일에 있다.

유대인 수필가 아하드 하암Ahad Ha'am은 유대교 역사에서 안식일 전통의 중요함을 강조하면서 다음과 같이 말한다.

유대인이 안식일을 지켰다기보다는 안식일이 유대인을 지켰다고 단언할 수 있으며 이것은 결코 과장이 아닙니다. 안식일이 유대인의 영혼을 회복시켜주고 매주 그들의 영적인 삶을 새롭게 해주지 않았다면, 유대인은 평일의 침울한 경험들 때문에 너무나 절망하여 물질주의와 도덕적, 지적 타락의 바닥에까지 떨어졌을 것입니다.

20세기 최고의 유대 사상가 중 한 명으로 손꼽히는 랍비 아브라함 요수아 헤셸Abraham Joshua Heschel의 가르침에 따르면 창조의 마지막 날인 7일째, 하느님께서 '메누하Menuha'를 창조하셨다고 한다. 하느님께서 인간을 6일째 창조하셨으므로, 인간이 창조된 후 가장 먼저 맞이한 것이 바로 이 일곱째 날인 안식일이다. '메누하'는 치유의 힘이 있는 '풍요로운 고요'라는 깊은 의미를 담고 있는데, 평화, 고요와 정적, 휴식이라는 뜻이다. 요컨대 안식이 있은 연후라야 창조도 마무리지을 수 있다는 의미다. 메누하의 탄생 이후에야, 즉 고요와 휴식이 있는 연후에야 비로소 창조의 순환도 완전하게 마무리된다. 몸과 마음을 내려놓고 쉴 수 있는 안식일이 창조적 존재로서의 인간에게 필수적이라는 게 유대인의 견해인 것이다.[53]

행동심리학자 짐 로허Jim Loehr와 토니 슈워츠Tony Schwartz도 건강한 활동과 휴식 간의 균형 있는 리듬 패턴이 완전한 몰입, 최고의 성과, 지속적인 건강 유지를 위한 가장 중요한 요소이며 본질적으로 인간의 창조성과 연관되어 있다고 말한다. 마치 음표와 쉼표의 균형이 음악을 창조하고, 단어와 쉼표의 균형이 멋진 문장을 창조하듯이 말이다.

미네소타 의대 교수인 프란츠 홀버그^{Franz Halberg} 박사가 창시한 시간생리학^{Chronobiology}에 따르면 우리 신체는 본래 25시간 활동 일주기^{Circadian Rhythm}를 따라 움직인다고 한다. 이 리듬에 따를 경우 우리는 하루에 한 시간씩 늦게 일어나야 하지만 현대 사회에서 이것은 불가능한 일이다. 따라서 일주일에 하루 정도는 신체 주기를 정상화하기 위해 평소보다 긴 휴식이 필요하다는 것이다. 만약 쉼 없이 일할 경우 피로, 신경과민, 각 신체 기관의 스트레스 나아가 불면증과 같은 신체적·정신적 이상 징후들을 초래하게 된다.

어떤 독자들은 안식일이 학업이나 업무에 부정적인 영향을 주지 않을까 걱정할 수도 있을 것이다. 그런 염려를 가진 독자들을 위해 하버드 학생들의 시간 활용법에 관한 연구를 소개하겠다.

하버드의 토머스 엔젤로^{Thomas Angelo} 교수는 하버드 대학생의 시간 활용을 집중적으로 연구한 결과 매주 20시간 정도 한두 가지 여가 활동에 전념해도 성적에는 거의 또는 아예 영향이 없다는 사실을 발견했다. 뿐만 아니라 그런 활동이 오히려 대학 생활

의 전반적인 만족도를 높이는 것으로 조사되었다.[54]

21세기는 무엇보다 상상력과 창조력이 중시되는 시대다. 필자가 『해리 포터』의 작가 조앤 롤링Joan K. Rowling의 하버드 졸업 축하연설을 들었을 때, 그녀는 "세상을 변화시키기 위해 우리에게 필요한 것은 마법이 아닙니다. 우리 안에는 이미 세상을 변화시킬 수 있는 힘이 있습니다. 우리에게는 더 나은 세상을 상상할 수 있는 힘이 있는 것입니다"라고 말하며 상상력의 중요성을 강조했다. 경제적 관점에서 보아도 조앤 롤링이 자신의 상상력으로 창조한 『해리 포터』이야기는 67개국 언어로 번역되어 4억 5000만 권 이상이 판매되었으며, 2011년까지 영화만으로 약 7조 8000억 원의 수익을 창출했을 뿐 아니라, 『해리 포터』시리즈가 1997년부터 2006년까지 관련 산업을 통해 올린 매출액은 우리 돈으로 약 308조 원으로 같은 기간 한국의 반도체 수출 총액 231조 원의 1.3배 이상에 달한다고 한다. 이와 같이 21세기는 인간의 상상력과 창조력이 경제 영역뿐만 아니라 전 세계적으로 다양한 차원의 변화를 일으키고 있는 시대다. 멋진 행운을 창조하기 원한다면 21세기 핵심 능력인 상상력과 창조력을 키우기 위해 일주일에 하루는 몸과 마음, 그리고 영혼을 위한 충분한 안식의 시간을 가져보자.

이 시대 최고의 화두, 직관

보통 '직관'이라고 하면 어떤 생각들이 떠오를까? 그냥 막연한 감? 뛰어난 천재들만이 가진 섬광 같은 통찰력? 직관[intuition]이라는 단어는 '고려하다' '주시하다' '안을 들여다보다'라는 뜻을 지닌 라틴어 '인투에리[intueri]'에서 유래된 말이다. 옥스퍼드 영어사전은 직관을 1) 의식적인 노력과 사유를 거치지 않은 빠른 상태의 진실 인식 2) 내부로부터의 지식 3) 본능적 지식 또는 느낌이라고 정의하고 있다.

과거에는 비과학적으로 치부되었던 직관이, 불확실성이 증대되고 인간의 상상력과 창조력이 나날이 강조되는 요즘에는 필수적인 요건이 되고 있다. 이 같은 세태를 잘 반영하듯 최근 『비즈니스위크』가 실시한 조사에서도 '직관'은 이 시대 최고의 화두로 떠오르고 있다.

또한 뉴욕타임스 베스트셀러 작가 말콤 글래드웰[Malcolm Gladwell]은 그의 저서 『블링크』를 통해 직관에 관한 놀라운 사실들을 보여주고 있고, 컬럼비아 대학 경영대학원의 윌리엄 더건

William Duggan 교수가 가르치는 '전략적 직관' 수업은 최고의 인기 수업으로 손꼽히고 있으며, 세계적인 리더십의 구루로 손꼽히는 워런 베니스Warren Bennis 교수 또한 직관을 '내면의 소리'라 이르고 이 '내면의 소리'를 따르는 것을 리더십의 가장 중요한 요소 중 하나로 꼽는다. 또 다중지능 이론의 창시자인 하버드 대학 하워드 가드너Howard Gardner 교수도 '직관적 도약'이 문제 해결의 '돌파구'를 열어준다고 주장한다.

이와 같이 그 어느 때보다 중요성이 부각되고 있는 직관이 경제 분야에서 어떻게 활용되어왔는지 함께 살펴보기로 하자.

세계 경제를 이끌어가는 최고경영자들이라고 하면 우리는 보통 철두철미한 과학적 분석과 정확한 자료의 검증을 통해 의사 결정을 내리는 냉철한 CEO의 이미지를 떠올린다. 하지만 우리의 이런 선입견과는 달리 최고경영자들은 최종 결정을 내릴 때 과학과 분석보다는 직관에 크게 의존한다고 한다.

20세기 최고의 펀드 매니저로 알려져 있는 조지 소로스George Soros는 어떻게 10억 달러가 넘는 자산을 효율적으로 운용하느냐는 질문에 다음과 같이 대답했다.

"나는 동물적인 육감에 크게 의존하는 편이다. 한 증권에 돈을 투자하고 있을 때, 허리가 몹시 아팠다. 나는 직감적으로 내 증권에 문제가 생겼다는 것을 알았다."

물론 소로스가 직관에만 의지하여 투자를 한 것은 아닐 것이다. 그는 누구보다도 많은 논리적 데이터와 자료를 활용했다. 하지만 단지 논리적 데이터만 가지고는 그처럼 오랫동안 시장 평균 수익률 이상의 수익을 유지할 수 없는 일이다.

2013년부터 시작되는 민간 우주여행 사업을 추진하고 있는 버진 그룹의 회장 리처드 브랜슨Richard Branson 역시 평소 "나는 산더미처럼 쌓인 통계자료보다 직관에 더 많이 의존한다"고 말해 왔으며, 마이크로소프트 의장 빌 게이츠 역시 직감에 의존해 의사결정을 할 때가 많다고 한다.

이번엔 과학 분야에서 직관이 어떻게 활용되어왔는지 알아보도록 하자.

벤젠 고리구조를 발견한 화학자 프리드리히 케쿨레Friedrich Kekulé가 벤젠의 분자구조 모형을 알아내려고 노심초사하고 있던 1865년 어느 날, 꿈속에서 뱀이 자신의 꼬리를 물고 있는 모양을 보고, 백 년 뒤 현대 과학자들이 최신 현미경으로 확인할 수 있었던 벤젠 고리구조 모형을 발견해냈다.

벨기에의 헨트에 있을 때였다. (…) 내 방 창문은 좁은 골목으로 나 있어 낮에도 햇빛을 볼 수가 없었다. (…) 나는 교재를 써보겠다고 앉아 있었지만, 도무지 진도가 나가지 않았다. 마음은 이미 다른 곳에 가 있었다. 그래서 나는 난로 쪽으로 의자를 돌려놓고 잠깐 눈을 붙였다. 그때 또다시 내 눈앞에 원자들이 나타났다. 이번에는 작은 원자 그룹들은 표면에 나타나지 않았다. 몇 겹으로 겹쳐진 배열구조들이 눈에 들어왔는데, 뱀이 움직이는 것처럼 원자들이 가까이 달라붙어 짝을 지어 꼬여 있기도 했다. 그런데 저건 또 무엇이란 말인가? 뱀 한 마리가 제 꼬리를 물고는 내 눈앞에서 빙글빙글 돌고 있는 것이 아닌가? 나는 번갯불이라도 지나간 듯 화들짝 놀라 깨어났다.[55]

노벨 물리학상 수상자이자 '불확정성의 원리'의 창시자로 유명한 물리학자 베르너 하이젠베르크Werner Heisenberg는 건초열을 심하게 앓아 의식이 몽롱한 상태에서 직관적으로 불확정성 원리를 해결하는 수학공식을 발견했다.

하이젠베르크는 어떤 특정 문제를 놓고 연구할 때 동료와 오랫동안 열정적인 토론을 나누곤 했다. 그런데 하이젠베르크는 특이한 습관이 하나 있었다. 그는 열띤 토론 중 종종 다음과 같이 말하곤 했다. "잠깐 이 부분에서 무엇인가 중요한 점을 건드린 것 같으니까, 이제 그만 토론을 멈춥시다. 2주 정도 생각을 묵혀두면 저절로 문제가 풀릴 테니까요." 그러면 대부분 2주 안에 그 문제의 해결책을 찾아냈다고 한다.[56]

이러한 직관은 최신 뇌과학 분야에서도 증명되고 있다. 세계적 과학 학술지 『사이언스』에 따르면 미국 워싱턴 대학 조수아 브라운 박사Joshua Brown는 전두대피질로 알려진 뇌 부분에 이런 육감을 느끼는 곳이 존재하며 위험을 감지하면 경보를 울린다는 연구결과를 발표했다. 브라운 박사는 건강한 젊은이들로 이루어진 피실험자들에게 모니터에 나타나는 영상을 지켜보도록 한 뒤 자기공명영상^{MRI}으로 이들의 뇌 활동을 2.5초 간격으로 측정했다. 브라운 박사의 실험결과 뇌는 우리가 생각했던 것보다 미묘하고 미세한 위험신호를 아주 잘 포착한다는 사실이 밝혀졌다. 즉 잘못된 의사결정과 행동이 초래할 부정적인 결과를 미리 감지하고 우리가 실수를 저지르기 전에 경고해줄 수 있다는 의미다. 브라운 박사는 신경전달 물질인 도파민이 대뇌 전두대피질이 조기 경보신호를 보내야 할 때를 인식하도록 훈련하는 데 중요한 역할을 하는 것으로 보인다고 덧붙였다.

그렇다면 어떻게 해야 직관을 실질적으로 활용할 수 있을까?

첫째, 좋은 질문을 해야 한다. 직관 전문가 로라 데이^{Laura Day}에 따르면 좋은 질문이란 당신이 알고 싶은 것을 정확하게 묻는 것을 의미한다. 우리의 인생을 결정하는 것은 대부분 우리가 직관에게 어떤 질문을 하느냐에 달려 있다고 봐도 무방하다. 따라서 직관을 잘 활용하려면 정확한 질문은 정말 중요하다.

1. 질문이 구체적이고 명확해야 정확한 답을 얻을 수 있다.
2. 여러 가지를 한꺼번에 묻는 복합 질문은 안 된다. 간단하고 단순하게 질문한다.

3. 당신이 알고자 하는 문제와 직결된 질문이어야 한다.

다음은 모호한 질문들을 직관의 대답을 들을 수 있는 좋은
질문으로 바꾼 예들이다.

(잘못된 질문) 나는 돈을 충분히 가지게 될까?

→ 충분하다는 의미는 어느 정도인가? 기본 생계비를 해결할
수 있을 만큼?

(좋은 질문) 나는 언제쯤 방이 세 칸 있는 집을 마련할 수 있는
경제적 여유가 생길까?

(잘못된 질문) 나도 결혼해서 아이를 가지게 될까?

→ 복합 질문으로는 정확한 대답을 얻을 수 없다. 절반에 대해
서는 긍정, 나머지 절반에 대해서는 부정적인 답이 나올 수도 있
기 때문이다.

(좋은 질문) 나는 누구와 결혼하게 될까? 나는 어떤 구성의 가
족을 이루게 될까?

(잘못된 질문) 새로운 직장으로 이직해야 할까?

→ 왜 직장을 옮기기 원하는지, 새로운 직장에서 무엇을 제공
하리라고 생각하는지 구체적으로 고려해야 한다.

(좋은 질문) 가족과 단란하고 친밀감 있는 시간을 더 누리고 싶다면 과연 이 직장을 택해야 할까?[57]

둘째, 몸과 마음이 편안한 상태로 질문들에 대한 답을 기다려야 한다.

이에 대해서는 앞에서 자세히 살펴보았다. 좋은 질문을 던지고, 느긋한 마음으로 기다리다보면 멋진 행운의 답이 우리가 기대하지 못했던 곳으로부터 당신에게 다가올 것이다.

> **행 · 운 · 포 · 인 · 트**
>
> 직관이 작동할 수 있는 최적 상태는 몸과 마음이 이완된 상태다.

1. 즐거운 성공을 위해서 지나친 노력을 아끼자!

2. 작은 힘을 빼야 더 큰 힘을 쓸 수 있다.

3. 최소 노력을 위한 마음가짐은 '어차피 다 잘될 거야'라고 믿고 편안한 마음을 가지는 것이다.

4. 물을 끓이기 원한다면 100℃의 열만 있으면 된다. 나머지는 낭비다.

5. Self 1 Off, Self 2 On!

6. 유대인 천재성의 비결은 안식일이다!

7. 직관이 작동할 수 있는 최적 상태는 몸과 마음이 이완된 상태다.

5단계 행운의 다이어리

1. 지혜로운 노력을 할 수 있는 가장 좋은 방법은 바로 몰입이다. 자신이 가장 몰입할 수 있는 활동, 장소, 시간, 파트너를 찾아보자.

	장소	시간대	활동	누구와
가장 몰입이 잘 될 때				
가장 몰입이 안 될 때				

2. 안식과 쉼에도 계획이 필요하다. 안식일을 하루 정하고 그날을 자신의 몸과 마음을 가장 행복하고 편안하게 쉴 수 있도록 계획을 세워보자.

	장소	시간대	활동	누구와
가장 잘 쉴 수 있을 때				
가장 피곤할 때				

3. 직관과 무의식의 소리에 귀기울이는 데는 꿈에 관한 공부가 도움이 되기도 한다. 입문서로 다음 세 권의 책을 추천한다.

제레미 테일러, 『꿈으로 들어가 다시 살아나라』, 고혜경 옮김, 성바오로출판사, 2006.
제레미 테일러, 『사람이 날아다니고 물이 거꾸로 흐르는 곳』, 이정규 옮김, 동연, 2009.
로버트 A. 존슨, 『내면작업』, 고혜경·이정규 옮김, 동연, 2011.

제 7 장

행운의 법칙 6단계 _

행운의 비타민: 감사와 용서

　행운의 법칙 6단계는 '클로버의 비밀' 단계다. 멋진 행운을 최적의 타이밍에 창조하기 위해서는 진심으로 감사하는 마음을 가지는 것이 중요하다. 감사는 사랑과 함께 더욱더 큰 행운을 부르는 강력한 힘이기 때문이다. 그렇다면 마음으로 간절히 원했음에도 이루어지지 않은 꿈이나 행운은 어떻게 해야 할까? 이럴 경우 앞의 행운의 법칙 5단계들을 잘 지켜왔는지 살펴봄으로써 어떤 단계에서 무엇이 잘못되었는지 확인하고 그 단계로 돌아가 다시 차근차근 단계를 밟아오는 것이 필요하다.

　하지만 앞의 5단계를 모두 잘 지켜왔는데도 행운이 다가오지 않았을 때는 어떻게 해야 할까? 그런 경우는 행운이 왔다면 진정으로 나에게 도움이 되는 시기였는지, 또는 바라던 행운이 내게 진정으로 적합한 기회인가를 스스로에게 되묻는 것이 필요하다. 이런 점검 질문들로도 답을 찾지 못했다면 마지막으로 네잎클로버 제4법칙 인과의 법칙이 작용하는지 살펴보고, 그래도 잘 모를 경우에는 삶의 신비를 포용하며 용서의 마음을 가지는 것이 중요하다는 것이 이 6단계의 핵심 내용이다. 이번 단계를 통해 더욱 멋진 행운을 창조할 수 있기를 바란다. Good Luck!

워런 버핏의 행운의 비결

세계에서 가장 존경받는 부자로 손꼽히는 인물은 누구일까?

세계의 파워 리더 25인 중 2위, 미국에서 가장 영향력 있는 경제인, 오마하의 현인, 월 가의 양심, 황금손, 투자의 살아 있는 전설, 520억 달러의 재산을 가진 세계 2위 갑부인 워런 버핏이 바로 그 주인공이다.

그는 몇 해 전 자신의 총 재산 중 370억 달러(약 37조 원)를 게이츠 재단Bill&Melinda Gates Foundation 및 5개 자선단체에 기부하기로 선언해 세상을 놀라게 한 인물이기도 하다.

그는 어떻게 이처럼 멋있는 사람이 되었을까? 『포천』에 실린 인터뷰에서 그 힌트를 얻을 수 있다. 젊은 시절 버핏은 하버드 경영대학원에 불합격하고 다른 학교들을 알아보던 중 평소 존경하던 교수 두 분이 모두 컬럼비아 경영대학원에서 학생들을 가르치고 있는 것을 알게 된다. 컬럼비아 경영대학원에 입학한 버핏은 두 교수 중 한 명인 벤저민 그레이엄Benjamin Graham 교수의 제자가 된다. 그레이엄 교수는 버핏이 자신만의 가치투자 이론을 확립하는 데 큰 역할을 한 것은 물론이고, 버핏이 사회에 성공적으로 첫발을 디딜 수 있도록 전폭적으로 지원해주었다. 버핏은 당시를 회고하며 "내 삶의 최고의 행운은 어쩌면 하버드 경영대학원에 불합격한 것일지도 모른다"고 말했다.

또한 워런 버핏은 워싱턴 대학 MBA 학생들을 대상으로 한 강연에서 자신의 행운의 비결을 다음과 같이 소개했다.

나는 과거에 얽매이지 않습니다. 또 어떤 일이 벌어지더라도 걱정하지 않지요. 나는 정말이지 굉장한 행운아이기 때문에 어떤 일이 일어나더라도 운 좋게 해결할 수 있다고 생각하기 때문이에요. 물론 조금 더 잘생기고 조금 더 운동을 잘하면 더 좋았을지도 모르지만 지금도 전혀 문제될 것이 없습니다. 자유롭게 사용할 수 있는 양손이 있다는 사실만으로도 충분히 운이 좋은 것이며 감사하며 살아야 합니다.[58]

위의 두 일화에서 우리는 워런 버핏의 마음가짐을 엿볼 수 있다. 바로 자신에게 주어진 상황에 대해 긍정적으로 받아들이면서 사소한 모든 것들에 감사하는 마음, 그것이 바로 워런 버핏을 오늘날 존경받는 위대한 부자로 만들어준 성공의 비결이다.

> 행 · 운 · 포 · 인 · 트
>
> **워런 버핏의 성공비결은 감사다.**

베스트셀러 과자의 비밀 재료

일본의 유명한 과자 회사 중에는 아주 특이한 재료로 과자를 만드는 곳이 있다. 물론 밀가루와 계란으로 만든 과자다. 하지만 '다마고 볼로'라는 이름의 이 과자에는 밀가루와 계란 말고도 '감사'라는 특별 재료가 들어 있다. 이 회사의 최고경영자 다케다 와헤이竹田和平 씨에 관한 이야기를 들어보자.

백 개가 넘는 상장기업 대주주, 일본 제일의 투자가 다케다 씨, 그는 '다마고 볼로'로 유명한 과자 회사, 다케다제과의 경영자이기도 합니다.

다케다 씨는 이 '다마고 볼로'를 만드는 데, 절대로 질이 나쁘고 값싼 계란은 사용하지 않고, 전후 창업기부터 유정란만을 고집하여 써왔습니다. 더구나 전란이 끝난 지 얼마 지나지 않은 때라서 과자를 만드는 재료를 따지는 사람은 아무도 없었는데도 말입니다.

유정란의 가격은 세 배나 비쌌으므로, 라이벌 회사는 당연히 값싼 계란을 선택했습니다.

"다케다 씨! 돈을 벌지 못하는데도 계속 유정란만을 고집했다는 것입니까?"

"그게 참 신기해요. 그렇게 했더니 어느 순간부터 돈이 벌리기 시작하더라고요."

최고의 품질을 고집하는 그의 신념이 마침내 고객의 입맛과 마음을 사로잡은 것입니다.

그렇게 해서 1965년에는 시장점유율이 60퍼센트를 넘었습니다.

"이대로 가면 100퍼센트가 되어버리겠는걸."

순간 다케다 씨는 경쟁상대가 없어지면 자기 자신을 잃어버릴 수도 있다는 생각에, 그 이상의 점유율을 늘리지 않으려고 역으로 노력했다고 합니다.

다케다 씨의 이야기는 여기에서 끝나지 않습니다. 최고 품질의 '다마고 볼로'를 만들기 위해 다케다 씨는 최근 새로운 전략을 구사하고 있습니다. 공장에서 직원들이 과자를 향해 "감사합니다"라고 말하게 하는 것입니다.

"하루에 3천 번씩 '감사합니다'라고 말해보세요. 인생이 바뀔 테니까요."

"감사합니다"라고 소리내어 말하다보면 자연스럽게 싱글벙글 웃는 얼굴이 되고, 덩달아 운도 좋아지게 된다고 합니다. "감사합니다"를 3천 번 말하는 데에는 대략 40분 정도가 소요된다고 합니다.

더 재미있는 것은 한 시간 동안 "감사합니다"라고 말한 직원들에게는 급여와는 별도로 상여금을 지급합니다. 그것도 한 시간에 8천 원이나! 다케다 씨의 예상은 적중했습니다. 이 전략을 쓴 후 판매가 폭발적으로 늘어난 것입니다.

다케다 씨는 요즘 공장에 "감사합니다"라고 녹음한 테이프를 24시간 틀어놓는다고 합니다. 결과적으로 제품이 출하될 때까지 "감사합니다"란 말이 백만 번이나 과자에 들어가는 것입니다.[59]

감사가 백만 번이나 들어 있는 과자의 맛은 어떨까? 그 과자를 먹는 이들을 정말 행복하게 해주는 맛이지 않을까?

행 · 운 · 포 · 인 · 트

과자계의 베스트셀러 '다마고 볼로'의 최고 재료는 감사다.

기적의 사과의 비밀

기무라 아키노리木村秋則 씨는 세계 최초로 썩지 않는 무농약 사과 재배에 성공한 명인이다. 그는 스물아홉의 나이부터 무농약, 무비료 사과 재배에 도전했지만 농약 없이 사과를 재배하기는 쉽지 않았다. 날마다 수많은 해충과 악전고투를 벌였지만 시름시름 죽어가는 8백 그루의 사과나무를 붙잡고 피눈물을 흘려야 했다. 볼 것도 없이 비참한 실패였다.

극심한 생활고에 시달리던 기무라 씨는 부두 하역, 트럭 운전, 상자 줍기, 공사장 막노동 등 닥치는 대로 일을 시작했다. 하지만 형편은 나아지지 않았고 밑바닥 생활에 지칠 대로 지쳐 자살을 결심할 정도였다. 하지만 무농약 사과를 향한 꿈은 포기할 수 없었다. 그는 다시 도전했고 결국 10년 만에 썩지 않는 사과를 키우는 데 성공했다. 그가 무농약 사과를 키우기 시작한 지 30년이 지난 2006년, 방송을 통해 이 사과가 세상에 알려지게 됐다. 반응은 뜨거웠다. 첫 방송 후 판매 3분 만에 사과는 모두 매진되고, 1년 뒤까지 판매 예약이 마감되는 기적이 일어났다. 기무라 아키노리 씨는 현재 전 세계를 누비며 자신의 성공비결을 강연한다. 또한 일본의 대기업 총수들이 가장 만나고 싶어하는 인물이 되었다. 사과의 명인 기무라 아키노리 씨는 기적의 사과의 비밀을 다음과 같이 털어놓는다.

나는 지금도 사과나무와 대화를 계속하고 있다. 특히 수확할 때는 올해 일에 감사하고, 내년 일을 부탁한다. 나무를 만지며 내 마음을 전한다. 인간은 혼자 살아갈 수 없다. 아무리 과학이 발달해도 자연에서 벗어난 인간의 삶을 상상할 수 없다. 자연 앞에 좀더 겸허해져야 한다. 우리들이 자연의 심부름꾼에 지나지 않는다는 사실을 빨리 깨달아야 한다.

논둑이 허물어져도 논에 가야 그걸 알 수 있다. 가지 않으면 모른다. 요즘 농부들은 그런 감수성을 잃어버렸다. 그 정도로 땅에서 멀어졌다. 비료, 농약, 기계가 중요할 뿐 작물을 생산하는 땅은 소홀히 여긴다. 주와 종이 바뀌어 있다. 나는 그분들에게 "연못이나 하천 주변의 흙을 잘 관찰하고, 거기서 깨달은 것을 자신의 논에 실천해주십시오" 하고 말한다. "벼와 대화하는 프로가 되어주십시오" 하고 간곡히 부탁한다.

내 몸에도 쌀 한 알, 사과 한 개 열리게 할 수 없다. 우리들은 다만 사과나무나 벼가 생활하기 좋은 환경을 만들 뿐이라는 사실을 잊어서는 안 된다. 물론 눈에는 다 보이지 않는 세계지만 땅이나 벼에 감사하는 마음, 고맙다고 할 수 있는 그 마음이 중요하다.[60]

행 · 운 · 포 · 인 · 트

기적의 사과는 감사로 길러진다.

마쓰시다 고노스케의 행운의 비결

일본에서 '경영의 신神'으로 추앙받는 마쓰시타 고노스케松下幸之助는 경영을 단순한 '돈벌이'가 아니라 사람들의 행복에 기여하는 가치 있는 종합예술로 승화시킨 탁월한 경영인이었다. 하지만 그는 가난하고 불우한 어린 시절을 보냈다. 아버지의 파산으로 다니던 초등학교를 그만두고 4학년 때부터 작은 화로 가게와 자전거 가게의 점원으로 일하며 밤이면 어머니가 그리워 눈물을 흘렸다. 하지만 이 울보 꼬마의 사업 감각만은 이미 그때부터 남달랐다. 가게에 온 손님들이 늘 담배 심부름을 시키자 가게 주인에게 돈을 빌려 도매가로 담배를 구매해두고 손님들이 담배를 찾을 때마다 제공한 것이다.

울보 꼬마 마쓰시다는 결국 산하에 570개 기업, 20만 명의 종업원을 거느린 대기업의 총수 자리에 올랐다. 마쓰시다 회장에게 사람들은 종종 성공비결을 물었다. 그럴 때마다 그는 다음과 같은 하늘에서 준 세 가지 큰 은혜 때문이라고 말했다.

첫째 가난하게 태어났으며, 둘째 몸이 허약했으며, 셋째 교육을 제대로 못 받은 것이다.

도대체 이런 것들이 어떻게 큰 은혜가 된다는 말일까? 마쓰시다 회장은 대답은 다음과 같다.

저는 가난하게 태어났기 때문에 부지런하지 않고는 잘살 수 없다는 진리를 몸으로 깨달을 수 있었습니다. 또 허약 체질로 태어났기 때문에 어린 시절부터 건강 관리를 철저히 하여 아흔 살이 넘은 지금에도 30대처럼 건강을 유지할 수 있었습니다.

마지막으로 초등학교 4학년을 다니다 중퇴했기 때문에, 언제나 겸손한 마음으로 항상 이 세상 모든 사람들을 저의 스승으로 삼고 배우는 데 열심을 다하여 많은 지식과 지혜를 얻을 수 있었습니다. 제게 주어진 불행한 환경이 저를 이만큼 성장시켜주었기에 이것이 하늘이 준 시련이라 믿으며 늘 감사한 마음으로 살아가고 있습니다.

늘 이런 감사의 마음을 지니고 살았던 마쓰시다 고노스케 회장은 심지어 교통사고를 당했을 때도 운이 좋아 죽지 않았다며 감사해했다고 한다.

이와 같이 감사의 마음을 중시했던 마쓰시다 고노스케 회장은 인재 채용시에도 다음과 같이 감사의 마음을 테스트했다.

마쓰시다 고노스케 회장은 인재 채용시 '운'을 중시했는데, 이는 "나는 운이 좋습니다"라고 말하는 사람의 심층에는 "내 힘만으로 된 것이 아니야"라고 하는 주변에 대한 감사의 마음이 반드시 있기 때문이라고 합니다.

즉, 마쓰시다 고노스케 씨는 평소 감사의 마음을 가지고 있는지 아닌지를 "당신의 인생은 지금까지 운이 좋았다고 생각합니까?"라는 질문으로 파악하려고 했던 것입니다.

밑바탕에 감사의 마음이 있는 사람은 지금은 우수하게 보이지 않더라도, 지금은 결과로 나오지 않더라도, 반드시 좋은 인재로 성장해가는 것이 보였다는 것이지요.

사실, "예, 운이 좋았습니다"라고 바로 그 자리에서 대답해서 채용된 학생들이 과장이 될 무렵에, 그들의 기획이 연이어 히트하기 시작해 마쓰시다 황금기에 돌입했다고 합니다.[61]

혹시 취업을 준비하고 있는 독자가 있다면 이런 답변을 준비해보면 어떨까?

"저는 운이 좋아서 여기까지 올 수 있었습니다. 그리고 그것은 주위에서 저를 도와주셨던 모든 분들 덕분입니다. 그래서 참으로 감사합니다."

마쓰시다 고노스케 같은 멋진 회장님이 면접을 본다면 분명 합격할 것이다!

행 · 운 · 포 · 인 · 트

마쓰시다 고노스케 회장의 성공비결 역시 감사하는 마음이다.

뇌과학이 보여주는 감사의 힘

이번엔 감사에 관한 과학적인 근거들을 살펴보기로 하자.

대니얼 에이먼Daniel Amen 박사는 '감사'하는 힘이 우리 뇌에 미치는 영향을 측정하기 위해 감사의 생각이나 감정이 들 때와 부정적인 생각이나 감정이 들 때 뇌에 흘러드는 혈류량을 방사선 단층촬영을 통해 측정했다.

그 결과는 놀라웠다. 감정에 따라 뇌에 흐르는 혈류량이 눈에 띄게 변화하는 것은 물론이고 뇌의 모양마저 변화하는 것이었다.[62]

닥 칠드리Doc Childre 박사와 하워드 마틴Howard Martin 박사의 『심장 공식의 해법』이라는 책 역시 주목할 만하다. 이 책에 따르면 마음 상태에 따라 심장박동이 변화한다. 즉 좌절이나 분노의 마음 상태에서 심장박동은 불규칙한 파동을 보여주는 데 반해 감사하는 마음 상태에서는 매우 규칙적인 파동을 보여준다.[63]

하워드 마틴 박사에 따르면 진심으로 감사하는 마음을 품으면 뇌파와 심장박동수가 정확하게 일치한다고 한다.

위와 같은 연구결과들에서도 다시 한번 확인할 수 있듯이 감사하는 마음은 사랑과 더불어 당신을 행운으로 이끌어주는 강력한 힘이다.

행 · 운 · 포 · 인 · 트

정신과 영혼, 그리고 물질의 풍요를 이루는 모든 과정을 한마디로 줄이면
그것은 감사하는 마음이다. _조지프 머피

오프라 윈프리의 감사일기

오프라 윈프리^{Oprah Winfrey}는 1954년 1월 29일 미국 미시시피 주 코지어스코에서 사생아로 태어났다. 아홉 살 때 사촌 오빠에게 성폭행을 당했고 이후로 어머니의 남자친구나 친척 아저씨 등에게 끊임없는 성적 학대를 받은데다, 열네 살에 미숙아를 사산했으며 20대 초반에는 마약과 약물중독에 빠졌다. 참으로 비참한 인생이었다.

하지만 그녀는 미국 내 시청자 2천 2백만, 105개국 시청자 1억 4천만, 연수입 1천 5백억 원을 올리는 가장 강력한 브랜드 가치를 가진 연예인이며, 『타임』이 선정한 20세기 가장 영향력 있는 인물 100명 중 한 명이다.

무엇이 그녀의 인생을 이렇게 극적으로 변화시켰을까? 그것은 다름아닌 아주 '사소한' 감사일기였다. 그녀의 감사일기를 소개해 본다.

1. 오늘도 침대에서 거뜬하게 일어날 수 있어서 감사합니다.
2. 오늘도 맑고 푸른 하늘을 보여주서서 감사합니다.
3. 맛있는 토스트를 먹을 수 있어서 감사합니다.
4. 얄미운 짓을 한 동료에게 화내지 않을 수 있어서 감사합니다.

5. 좋은 책을 읽을 수 있어서 감사합니다.

그녀의 인생 역전을 가능하게 해준 감사일기 쓰는 법은 다음
과 같다.

1. 가지고 다니기 편하고 예쁜 노트 한 권을 마련한다.
2. 언제나 가지고 다니면서 감사할 일이 생기면 그 마음을 적
   는다.
3. 하루를 돌아보며 잠자리에 들 때나, 아침에 일어나 감사일
   기를 쓴다.
4. 거창한 일을 찾기보다 일상의 소박한 감사들을 놓치지 않
   고 적는다.
5. 사람들을 만났을 때 그 사람으로부터 받은 긍정적인 느낌,
   만남을 통해 느낀 기쁨 등을 기록한다.
6. '감사일기 쓰기 모임'을 만들어 함께 감사일기를 쓴다.
7. 혼자 있을 때 그동안 적은 감사일기를 살펴본다.
8. '감사 모임'을 꾸려 감사의 기록들을 함께 나누고 격려한다.
9. 감사일기를 꾸준히 적어나가면서 나의 감사 목록이 어떻게
   변화하는지 관찰한다.
10. 자신만의 조용하고 편안한 장소를 정해두고 그곳에서 감
    사일기를 쓴다.

필자도 하버드 케네디스쿨 입학을 준비할 때와 유학 시절 학교를 다니면서, 날마다 자기 전 하루 중 감사했던 일 다섯 가지를 적곤 했다. 그리고 나중에는 '감사촛불'이라는 이름을 붙인 의식을 개발해 날마다 실천했다.

'감사촛불' 의식은 다음과 같다.

1단계: 잠자리에 들기 전, 촛불을 바라보며 오늘 하루 감사했던 일 다섯 가지를 떠올린다.

2단계: 감사한 일 한 가지를 생각할 때마다 촛불을 15~30초 동안 눈을 깜빡이지 않고 똑바로, 눈물이 흐를 때까지 집중해서 바라본다. 이런 식으로 감사한 일 다섯 가지를 하나씩 떠올린다.

3단계: 다섯번째에는 촛불을 불어 끄면서 "오늘 하루도 참 감사했습니다"라고 말하며 잠자리에 든다.

4단계: 아침에 일어나면 감사한 사람들 다섯 명을 기억하며 축복기도를 한다. 다섯번째 기도가 끝나면 촛불을 불어 끄면서 "오늘도 멋진 하루가 될 거야"라고 말한다.

이 감사촛불은 감사의 마음을 일깨워줄 뿐만 아니라 정신 집중력을 높여주고 눈물을 흐르게 해서 안구건조증까지 예방해주니 일석삼조였다. 무엇보다 실천하기가 쉬워서 이를 닦듯 습관이 되었다.

오프라 윈프리나 필자처럼 당신만의 감사법을 개발해보라. 멋진 행운을 누리게 될 것이다.

삶을 혁신적으로 변화시키는 인생의 기술

네잎클로버를 키우다보면 성공적으로 싹이 트고 잘 자랄 때도 있지만, 어떤 경우에는 싹이 트지 않거나, 자라다가 죽어버릴 때도 있다. 이럴 경우에는 어떻게 대처해야 할까? 우선 앞의 5단계들을 잘 살펴서 어떤 단계에 문제가 있나 살펴보고 문제가 발생한 단계를 다시 정확히 밟아가는 것이 필요하다. 하지만 앞의 5단계를 모두 잘 지켜왔음에도 행운이 다가오지 않을 경우에는 어떻게 해야 할까?

이럴 경우를 대비해서 익혀야 할 삶의 기술이 바로 용서다. 엉뚱한 소리로 들릴지도 모르겠지만 용서에도 효과적이고 과학적인 기술이 있다.

프레드 러스킨Fred Luskin 박사는 스탠퍼드 대학교에서 상담과 건강심리학으로 박사학위를 받고 현재 스탠퍼드 대학 '용서 프로젝트' 공동 설립자이자 학장으로 재직하고 있다. 프레드 러스킨 박사가 이끌고 있는 스탠퍼드 대학교의 용서 프로젝트는 과학적 조사와 연구를 바탕으로 선구적인 업적을 세워 학계에서 높이 평가받고 있다. 러스킨 박사는 용서에 관한 연구를 통해 다음과 같은 결론에 도달했다.

"용서를 배운 사람들은 두려워하거나 화내는 일이 점차 적어지고, 희망적이 되었으며, 우울증에 빠지거나 스트레스를 받는 정도가 감소했다. 또한 자신감이 늘어나면서 자기 자신을 더욱 좋아하게 되었다."

또한 러스킨 박사는 용서를 일상에 쉽게 적용할 수 있도록 4단계 HEAL 기법을 개발했는데, 그 방법은 다음과 같다.

H(Hope): 희망문 쓰기. 애초에 원했던 상황, 즉 일이 원하는 방향으로 풀렸다면 어떻게 되었을지를 적는다.

E(Educate): 교육문 쓰기. 자기가 원하는 것을 모두 이루면서 살 수 없다는 인생의 진리를 마음으로부터 받아들인다.

A(Affirm): 긍정문 쓰기. 문제가 생겼을 때, 애초에 당신이 가졌던 좋은 의도를 기억해내고 긍정한다. 상처받은 경험 때문에 마음 한구석으로 밀려나 있던 인생의 목표가 다시 우리 마음에 떠오르도록 도와준다.

L(Long-Term): 다짐문 쓰기. 장기적인 안목과 계획을 세우고 HEAL을 연습하겠다는 결심을 표현한다. 모든 다짐문은 "나는 앞으로도 오랫동안 나의 좋은 취지를 따르고 HEAL을 실천하기로 다짐한다"는 말로 끝낸다.[64]

러스킨 박사는 용서의 HEAL기법과 더불어 감사호흡법을 소개하는데, HEAL기법 전에 감사호흡법을 먼저 하도록 권한다.

감사호흡법을 간단히 소개하면 다음과 같다. 먼저 편안한 자세로 앉아 천천히 자신의 들숨과 날숨에 주의를 기울인다. 잠시 호흡에 집중한 후 의식을 심장으로 옮긴다. 심장에 의식을 집중한 채, 자신이 사랑하는 사람이나 행복했던 추억, 아름다운 자연 풍경 들을 떠올린다. 그때 느꼈던 평화로움을 다시 한번 느끼며 자연스럽게 호흡한다. 감사호흡을 통해 이완된 심신으로 HEAL기법을 실행한다.

러스킨 박사는 HEAL기법을 몸에 익히면 큰 도움이 될 것이며, 만약 하루에 두 번씩 HEAL기법을 시행한다면 말 그대로 굉장한 일들을 경험하게 된다고 조언한다. 러스킨 박사는 이 HEAL기법으로 세상에서 가장 용서하기 힘든 일을 겪은 그룹 중 하나인 자식이 살해당한 어머니들을 치료하여 큰 효과를 보았다고 한다.

만약 이루지 못한 꿈에 대해 스스로와 타인을 용서하지 못한다면 어떤 현상이 나타날까? 네잎클로버 제1법칙 공명의 법칙을 다시 떠올려보자. 용서하지 못함으로써 가슴에 품게 되는 분노와 미움 같은 감정들은 그와 비슷한 에너지들을 끌어들여, 결국 그에 따라 부정적인 것들을 창조할 것이다. 용서는 남을 위해서가 아니라 바로 나 자신을 위한 것임을 명심한다면 좀더 쉽게 용서하는 힘을 가질 수 있을 것이다.

필자 역시 과거에 벌어진 일들을 용서하기 어려워 오랜 세월 가슴앓이를 하며 국내에 출판된 용서에 관한 모든 책들을 섭렵하고 용서를 위해 치열하게 노력했던 경험이 있다. 하지만 많은 책들이 용서해야 한다는 당위성만 강조할 뿐 실제적이거나 효과적인 방법을 제시해주지 못했다. 그러던 중 프레드 러스킨 박사의 HEAL 용서기법을 만나게 되었고 이를 삶에 적용하여 마음의 평안을 회복하는 데 큰 도움을 얻었다. 이와 같이 용서는 우리 안의 부정적인 에너지를 정화시키는 탁월한 힘이 있다.

여러분도 용서를 통해 더 멋진 행운을 준비하기 바라며 6단계를 마친다.

행·운·포·인·트

용서에는 어마어마한 축복이 숨어 있다.

6단계 · 행 · 운 · 포 · 인 · 트

1. 워런 버핏의 성공비결은 감사다.

2. 과자계의 베스트셀러 '다마고 볼로'의 최고 재료는 감사다.

3. 기적의 사과는 감사로 길러진다.

4. 마쓰시다 고노스케 회장의 성공비결 역시 감사하는 마음이다.

5. 정신과 영혼, 그리고 물질의 풍요를 이루는 모든 과정을 한마디로 줄이면 그것은 감사하는 마음이다. _조지프 머피

6. 당신이 가지고 있는 것들에 감사하면 당신은 더 풍요로워질 것이다. 하지만 당신의 인생에 없는 것들을 보면서 불평한다면 당신은 늘 부족할 것이다. _오프라 윈프리

7. 용서에는 어마어마한 축복이 숨어 있다.

6단계: 행운의 다이어리

1. 매일 자기 전 하루에 감사했던 일들을 7개씩 적는 감사일기장을 만들고, 아무리 사소한 일이라도 감사한 것들을 적어보자.

번호	감사한 일
1	오늘 하늘이 참 맑고 푸르러서 기분이 좋았어요. 감사합니다.
2	오늘 반가운 친구에게 전화가 왔습니다. 감사합니다.
3	
4	
5	
6	
7	

2. '당신이어서 고맙습니다'라는 말은 북미 인디언 세네카족의 전통 인사말이라고
한다. 오늘 떠오른 감사한 지인 중 한 사람에게 이 말을 문자 메시지로 보내보라.
그리고 답 문자가 온다면, 그 내용을 감사일기장에 적어보자.

3. 나 자신을 포함해 용서하고 싶은 사람과 사건 들을 브레인스토밍해보고
HEAL기법을 활용해 용서하는 연습을 해보자.

제 8 장

행운의 법칙 7단계 _

행운이 주는 선물: 나눔의 축복

어느덧 마지막 7단계까지 왔다. 행운의 법칙 7단계는 '꽃의 비밀' 단계다. 이번 단계를 한마디로 요약한다면 바로 '나눔의 힘'이다. 7단계에서는 우리에게 성공과 건강을 가져다주는 비결은, 우리가 가진 것들을 다른 이들과 나누는 데 있음을 보여주는 이야기들을 소개하고자 한다.

개인적인 성취들은 큰 기쁨을 주지만 사실 그 기쁨들이 그리 오래 지속되지는 못한다. 필자도 세계 최고의 리더십 학교라는 하버드 케네디스쿨에 합격했을 때나 로터리 장학금을 받게 되었을 때, 첫 출간한 책이 베스트셀러가 되었을 때와 같은 성공이 주는 기쁨과 흥분은 곧 가라앉았다. 그것보다는 필자의 하버드 합격이나 장학금 소식을 듣고 기뻐하는 부모님과 주변 친구들의 모습을 보거나 필자의 저서를 통해서 행복해졌다는 독자들의 이야기를 전해 듣는 것이 개인적 성취의 기쁨보다 훨씬 더 컸다. 진정으로 풍요로운 행복을 누리고 싶다면 7단계를 통해 우리가 깨달은 행운의 법칙을, 그것을 삶에 적용한 우리 삶의 이야기들을, 우리의 재능과 시간과 물질을 함께 나누며 멋지게 살아보도록 하자. 그것이 바로 풍성한 행복의 비결이다. Good Luck!

마더 테레사 효과

테레사 효과^{Mother Teresa effect}라는 말이 있다. 마더 테레사 수녀님이 1997년 87세의 나이로 소천하신 다음해, 하버드 의대 교수들이 발표한 논문에 '테레사 효과'란 용어가 처음 등장했다. 하버드 대학의 데이비드 맥클랜드^{David McClenlland} 박사와 캐럴 허쉬넷^{Carol Hirshnet} 박사의 연구에 의하면 사람의 침 속에는 면역항체 'IgA'가 들어 있는데, 근심이 있거나 긴장 상태가 지속되면 침의 분비량이 줄어들면서 이 면역항체가 줄어든다고 한다. 두 박사는 132명의 하버드 학생들의 면역항체 수치를 측정한 뒤 마더 테레사의 일대기를 담은 영화를 보여주었다. 그리고 영화 감상 뒤 면역항체 수치를 다시 측정하여 영화를 보기 전 수치와 비교 분석했더니 놀랍게도 면역항체 수치가 50퍼센트나 증가한 것을 발견했다. 더욱 흥미로운 것은 마더 테레사를 위선자라고 냉소적으로 생각하는 학생들의 면역항체 수치도 증가했다는 것이다. 이 놀라운 현상에 두 박사는 평생을 사랑과 헌신으로 살았던 마더 테레사 수녀님의 이름을 붙였다.

이 연구결과에 따르면, 나눔을 실천했던 테레사 수녀님의 영화를 그냥 보기만 해도 건강해진다는 것이다. 이보다 쉬운 건강법이 또 있을까?

이러한 나눔의 원리는 앞서 언급했던 심신의학과 인간의 잠재력 분야에서 세계적으로 유명한 의학자이자 영적 지도자인 디팩 초프라 박사가 말하는 '베풀기의 법칙'과 연결된다. 이 법칙은 자신이 추구하는 모든 것을 줌으로써 결국 자기 자신에게 그것이 다시 되돌아온다는 것을 의미한다. 즉, 우리가 사랑을 베풀면 더 큰 사랑을 받게 된다는 것이다. 우주의 풍요로움이 우리의 삶 속에서 계속 순환하기 때문이다. 마치 부메랑처럼 실제로 자신의 삶에서 가치 있는 것들은 베풀면 더 큰 사랑과 행복으로 돌아온다.

필자는 소외 계층에게 일자리를 제공함으로써 인간적 존엄성을 회복시키는 것을 비전으로 하는 '굿윌 인더스트리스'의 한국 본부 설립을 돕는 일을 했다. 아직 한국에 사회적기업이란 단어가 많이 알려지기 전에 시작한 일이었는데, 한국에 이윤 추구를 넘어서는 의미를 추구하는 기업 문화가 정착되기를 바라는 마음에서 시작한 일이었다. 그 결과 스펙보다 진심이 담긴 스토리, 즉 삶의 멋진 이야기가 생겼고, 그 이야기를 기반으로 하버드 케네디스쿨에서 합격 증서를 받을 수 있었다.

나눔을 실천하기 위해 우리 모두가 마더 테레사처럼 인도의 빈민촌에 가야 하는 것은 아니다. 우리들이 있는 곳에서 우리들이 나눌 수 있는 것을 나누는 것, 그런 나눔의 마음이 우리 행운의 시작이자 마지막이다.

버핏 효과

세계적인 부자 워런 버핏은 워싱턴 대학 강연에서 다음과 같이 말했다.

저는 제가 가진 것의 99퍼센트를 사회에 되돌려주어야 한다고 생각합니다. 그동안 저를 포함한 우리 가족은 이 사회로부터 특별한 대우를 받으며 살아왔습니다. 제가 다른 시대에 태어났더라면 맹수의 한끼 식사가 되었을지도 모를 일입니다. 저는 달리기를 잘 못하니까요. 하지만 시장경제, 특히 거대 자본주의경제에 대한 적응력만큼은 누구에게도 뒤지지 않았습니다. 운이 좋아서 이 사회에서 누구보다도 커다란 성과를 손에 넣었습니다. 그러니 그동안 살아오면서 경험한 즐거웠던 기억들만 남기고 나머지 것들은 사회에 돌려주는 것이 옳습니다. 제가 이 자리에 서게 된 것은 저를 둘러싼 거대한 사회 덕분이며, 그 속에서 제가 잘 적응했기 때문입니다. 따라서 제가 이룬 모든 것을 사회로 되돌리는 것

이 마땅합니다.[65]

워런 버핏은 "재산을 기부할 수 있는 것은 책임이 아니라 특권이며 행운"이라고 말한다. 워런 버핏은 실제로 2006년 자신의 전 재산 가운데 99퍼센트를 빌 게이츠 재단에 기부하기로 결정했다. 이러한 버핏의 모범을 따라 미국에서 일어난 기부서약 운동은 '버핏 효과'로 불린다. 이 기부서약 운동은 10억 달러 이상의 재산을 지닌 미국의 400대 부자들 사이에서 일어난 기부운동으로 이들이 전 재산의 50퍼센트 이상을 기부하면 총 6천억 달러 이상을 모을 수 있다고 하며, 이는 한국 GDP의 70퍼센트에 해당하는 엄청난 금액이다.

워런 버핏만큼 멋진 부자가 또 있다. 그의 이름은 바로 척 피니Chuck Feeney다. 하지만 그의 이름을 아는 사람은 많지 않다. 척 피니는 25년 동안 4조 원에 이르는 엄청난 돈을 기부했지만 '오른손이 한 일을 왼손이 모르게 하라'는 신념을 철저히 지키며 자신의 선행을 감추어왔기 때문이다. 미국 부동산 재벌 도널드 트럼프Donald Trump보다 더 큰 재산을 가졌던 척 피니는 집도 차도 없이 이코노미 클래스로 여행을 하며 15달러짜리 플라스틱 시계를 차고 허름한 식당에서 식사를 했다. 1988년 『포브스』에 의해 미국 23번째의 갑부로 소개되기 전까지 사람들은 척 피니가 억만장자라는 사실을 알지 못했다. 가난한 노동자 가정에서 태어나 우산 판매, 골프장 캐디 등 어린 시절부터 갖가지 아르바이트를 전전하면서 자수성가한 그는 세계에서 가장 큰 면세 소매점인 듀티 프리 쇼퍼스DFS: Duty Free Shoppers의 공동 창업자로 큰 재산을 모았다. 하지만 척 피니는 억만장자가 아닌 빈손의 억만장자로 알려졌는데, 그 이유는 그가 전 재산을 모두 기부했기 때문이다.

척 피니가 자신의 재산을 기부한 애틀랜틱 필랜트로피스Atlantic Philanthropies는 세계에서 손꼽히는 자선단체로 아일랜드, 베트남, 태국, 오스트레일리아, 남아프리카공화국, 쿠바, 버뮤다에 이르는 세계 곳곳에서 인권과 사회 발전, 또 질병 퇴치 등을 위한 활동을 하는 곳이다. 그는 이 단체에 막대한 돈을 기부했지만 자신의 기부에 대해 비밀로 했기에 세상에 알려지지 않은 것이다. 척 피니는 이미 4조 원이 넘는 액수를 기부했고, 현재 가지고 있는 재산 또한 10년에 걸쳐 모두 기부할 계획을 가지고 있다고 한다. 그동안 베일 뒤에 감추어져 있던 척 피니가 자신의 선행을 드러낸 이유는 단 하나였다. 그것은 바로 '재산을 많이 가진 사람들은 재산을 좋은 곳에 써야 한다는 도덕적 의무를 지닌다'는 사실을 세상에 알리고 싶은 열정 때문이었다.

척 피니는 '수의는 주머니가 없다'는 아일랜드의 속담과 미국의 자선 문화의 효시가 된 앤드루 카네기Andrew Carnegie의 가르침을 가장 소중히 여긴다고 한다.[66]

미국의 자선 문화에 지대한 영향을 미친 카네기는 매년 크리

스마스이브가 되면 자신의 삶을 성찰하는 시간을 가졌는데, 다음은 그가 남긴 비망록의 일부다.

> 1868년 1월, 세인트니콜라스 호텔, 33세, 현재 연간 5만 달러의 수입, 지금까지 2년 동안 나는 최소한 연간 5만 달러 이상의 수익을 낸다는 목표로 사업을 해왔다. 하지만 나는 그 이상의 돈을 벌기 위해서는 절대 어떤 노력도 기울이지 않을 것이다. 대신 매년 생활비를 제외한 남은 금액은 모두 선행을 위해 사용할 것이다. 영원히 남을 도우며 살 것이다.[67]

진정 멋진 부자가 아닌가? 우리나라에도 세계에 자랑할 만한 멋진 부자가 있다. 바로 유한양행의 설립자인 고故 유일한 박사다. 유일한 박사는 '기업의 소유주는 사회이고 기업은 사회의 이익을 증진시키기 위해 존재하는 기구'라는 경영철학을 가지고 이를 평생 실천에 옮겼다. 그리고 '기업가의 길이 사회봉사의 길'이라던 평소의 철학대로 그의 사후 재산의 대부분을 사회로 환원했고, 자신의 소유로 남긴 것은 양복 세 벌과 구두 세 컬레 등 소지품 몇 가지가 전부였다. 자제인 유재라 씨 역시 상속받은 유한양행 주식 12.24퍼센트를 모두 사회에 기부함으로써 유일한 박사의 2대에 걸친 사회 환원을 완수했다.

우리나라에도 유일한 박사 같은 기업인이 있다는 사실은 참

자랑스러운 일이다. 우리도 단지 나만을 위한 행운과 행복을 쌓는 것이 아니라 사랑을 베푸는 도구로 부를 사용할 수 있는, 행복한 작은 부자들이 되어보면 어떨까?

행복의 비결

헬퍼스 하이Helper's High라는 말을 들어본 적이 있는가? 마라토너들이 경험한다는 희열감인 러너스 하이Runner's High는 들어봤어도 헬퍼스 하이는 처음 들어보는 독자들이 많을 것이다. 스탠퍼드 대학의 심리학자 로버트 언스타인Robert Ornstein과 외과의사 데이비드 소벨David Sobel은 이타주의가 건강에 미치는 영향을 연구했는데, 남을 돕는 봉사를 하고 난 후에는 거의 모든 경우 심리적 만족감, 즉 '하이' 상태가 며칠 또는 몇 주 동안 지속되는 현상을 발견했다. 실제 의학적으로도 실험 참가자들이 자원봉사를 한 후에는 혈압과 콜레스테롤 수치가 현저히 떨어지고, 기쁨을 관장하는 엔도르핀 호르몬이 정상치의 3배 이상 분비되어 가슴에서 따뜻한 열기와 힘이 솟아나는 것을 느낄 수 있었다. 두 사람은 이렇게 몸과 마음에 활력이 넘치고, 평온하고 고요한 가운데 생명력이 솟아나게 되는 현상을, 마라톤 주자들의 황홀감인 러너스 하이와 비교하여 '헬퍼스 하이'라 이름 붙였다.[68]

또 뉴욕 컬럼비아 경영대학원의 데이비드 르윈David Lewin 교수가 188개 회사를 대상으로 실시한 조사에서도 지역사회에서 자원봉사를 하는 회사 직원들의 사기가 그렇지 못한 회사 직원들보다 3배나 높은 것으로 조사되었다. 이것은 직장에서의 스트레스 문제에 대해 회사 차원의 자선 행위가 하나의 해결방안이 될 수 있음을 보여준다.

하버드 의과대학의 허버트 벤슨Herbert Benson 박사 또한 다음과 같이 말한다.

"수천 년 동안 인류는 자신만을 위한 이기적인 삶에서 벗어나는 법과 노화 과정을 늦추는 법, 혈압을 낮추고 심장박동을 안정시키는 방법 등 건강을 위한 여러 가지 기술을 개발해왔다. 그 가운데에서도 이타주의는 요가나 명상과 더불어 효과적인 방법으로 밝혀졌다."

나의 물질과 시간과 재능을 나누는 삶이 남에게 도움이 되기 전에 나의 행복에 더 큰 도움이 된다는 사실이 과학과 의학을 통해 밝혀지고 있는 것이다.[69]

그러니 달리기를 좋아하지 않는 독자분들이라면 러너스 하이

대신 헬퍼스 하이를 느껴보는 것은 어떨까.

의학적으로 증명된 건강과 장수의 비결

의학적으로 확실하게 증명된 최고의 건강과 장수 비결이 있다. 미국 미시건 대학 사회과학연구소가 5년간 무작위로 선정한 423쌍의 노인을 대상으로 건강과 장수의 비결에 대해 연구한 결과, 1년에 단 한 번이라도 누군가를 도운 실험 참가자는 그렇지 않은 참가자에 비해 수명이 40~60퍼센트 정도가 더 긴 것으로 조사되었다. 반면 남의 도움을 받은 사람은 수명 연장이나 단축과는 아무런 상관관계가 없었다. 이 연구의 책임자였던 스테파니 브라운[Stephanie Brown] 박사는 "이 연구는 '남을 돕는 일이 정신 건강에 도움이 될 것이다'라는 전제에서 출발했다. 두 그룹은 다른 사람에게 도움을 주었나 그렇지 않았나 하는 것만 달랐다. 그런데 그것이 이렇게 큰 차이를 가져올 줄은 미처 예상하지 못했다"고 말하면서, 선행의 효과에 대한 놀라움을 금치 못했다.

이와 관련된 또다른 연구들이다.

미국 미시건 주 테컴시(Tecumseh)에서 10여 년에 걸쳐, 2700 명의 자원봉사자들의 건강 상태를 조사한 바 있다. 그 결과, 정기적으로 자원봉사활동을 하는 사람들의 사망률이 봉사활동을 전혀 하지 않은 사람보다 1.5~2배나 낮았다.[70]

클린턴 전 대통령의 주치의이자 하버드 의대 교수였던 오니시 박사는 그의 프로그램을 마치고 돌아가는 환자들에게 오래오래 건설적으로 살고 싶다면 다른 사람을 돕는 일에 참여하라고 권장한다. 그의 저서 『사랑과 생존』에서는 친교로 인한 치유효과를 과학적으로 증명하고 있는데, 이 책에서 그는 친밀한 인간관계를 원한다면 다른 사람을 돕는 것부터 시작하라고 권하고 있다.[71]

이 같은 의학적 연구결과들은 '네 이웃을 네 몸과 같이 사랑하라'는 가르침이 단지 도덕적으로만 의미가 있는 것이 아니라 실질적인 생리적 유익을 가져다준다는 것을 증명해준다. 남을 위한 이타적 행위는 우리 인체에 생리적 영향을 미침으로써 건강을 증진시키고, 남을 돌봄으로써 외로움을 극복하게 해주며, 자신의 삶을 사랑할 수 있도록 도움을 주기 때문이다. 결국 내가 남에게 주는 것이 오히려 나의 건강과 행복의 근원이 되는 것이다. 의학적으로 증명된 가장 확실한 무병장수의 비결은 바로 나눔이다.

가진 것이 없는 이의 나눔

자기는 지지리 운도 없다고 생각하던 어떤 사람이 부처님을 찾아가 하소연을 했다.

"저는 하는 일마다 꼬이고 막히고, 뭐 하나 제대로 되는 일이 없으니 도대체 무슨 이유입니까?"

"그것은 당신이 남에게 베풀지 않기 때문입니다."

"저는 아무것도 가진 것이 없는 가난뱅이에 빈털터리인데, 받으면 받았지 무엇을 베풀 수 있다는 말입니까?"

"그렇지 않습니다. 당신이 아무리 가난하다고 하더라도 나눌 수 있는 일곱 가지를 가지고 있습니다."

"네? 저 같은 가난뱅이가 나눌 수 있는 것이 일곱 가지나 된다고요? 그것이 도대체 무엇입니까?"

"첫째는 화안시和顔施, 얼굴에 기쁜 표정을 짓고 부드럽고 정다운 얼굴로 남을 대하는 것입니다. 둘째는 언시言施, 말을 통해 베푸는 것입니다. 사랑의 말, 칭찬의 말, 위로의 말, 격려의 말, 부드러운 말 등으로 얼마든지 베풀 수 있습니다. 셋째는 심시心施, 마음의 문을 열고 따뜻한 마음을 이웃에게 나누어주는 것입니다. 넷째는 안시眼施, 호의를 담은 눈으로 사람을 바라보는 것으로 바로 눈으로 베푸는 것입니다. 다섯째는 신시身施, 몸으로 봉사하는 것입니다. 예를 들면 남의 짐을 들어준다거나 하는 일로 돕는 것입니다. 여섯째는 좌시座施, 때와 장소에 맞게 자리를 양보하는 것을 의미합니다. 일곱째는 찰시察施, 굳이 말로 묻기 전에 상대의 마음을 헤아려 알아서 도와주는 것을 의미합니다. 당신이 이 일곱 가지를 지속적으로 나눈다면 반드시 행운이 따를 것입니다."

당신은 무엇을 가지고 있으며, 그것을 어떻게 나누고 있는가. 그 나눔의 수준만큼 당신에게 행운이 다가올 것이다.

행 · 운 · 포 · 인 · 트

나눔의 수준이 행운의 수준이다.

행복은 전염된다

1967년, 하버드 대학교 심리학과 스탠리 밀그램Stanley Milgram 교수는 미국 중서부 네브래스카 주의 오마하에 사는 사람들 가운데 무작위로 선발한 160명에게 편지를 띄웠다. 그 편지의 최종 수신자는 오마하에서 1600킬로미터 넘게 떨어진 보스턴에 사는 한 기업인이었고, 편지에는 다음과 같은 메시지가 적혀 있었다.

"이 편지는 보스턴 ○○씨에게 전달되어야 할 편지입니다. 이분의 이름을 참조해서, 귀하가 알고 있는 분 중 이 사람을 알 것 같다고 생각하는 사람에게 이 편지를 전해주시기 바랍니다."

편지는 보스턴에 사는 한 기업인에게 '아는 사람에게서 아는 사람에게로' 전달되는 방식으로 배달되었다. 과연 그 편지는 미국 동부에 위치한 보스턴의 최종 수신자에게 몇 단계 만에 전달되었을까? 160통의 편지 중 최종적으로 보스턴에 도착한 편지는 42통이었는데, 이 편지가 몇 사람을 거쳐서 도착했는지 조사해보니 놀랍게도 평균 5.5명에 불과했다. 이것은 '6단계 분리Six Degrees of Separation'로 알려져 있는 법칙으로 세상의 누구라도 6단계만 거치면 알 수 있다는 법칙이다.

국내에서도 이와 비슷한 실험이 이루어졌는데, 싸이월드에 가입한 임의의 두 회원이 싸이월드 미니홈피로 몇 단계의 인맥을 통해 연결되어 있는지 계산해보았더니 2만 명의 전 회원이 전체적으로 6단계(6촌) 이내에 연결될 확률이 98.35퍼센트에 달했다. 이를 '작은 세상 효과Small World Effect'라고도 이야기한다. 지구상 70억이라는 엄청난 수의 사람들이 알고보면 6단계의 소셜 네트워크로 연결된 작은 세상에 살고 있는 것이다. 하지만 6단계 거리 안에 모든 사람이 연결돼 있다고 해서, 모든 사람들에게 같은 정도의 영향력을 미칠 수 있다는 것은 아니다.

하버드 대학의 연구결과에 따르면 친구(1단계), 친구의 친구(2단계), 친구의 친구의 친구(3단계)까지 영향력을 미칠 수 있다. 하지만 단계가 지날수록 영향력의 크기는 줄어들고 4단계부터는 별 영향을 미치지 못한다고 한다.

하지만 단계가 올라가도 강력히 전염되고 영향력을 미치는 것이 있는데, 바로 사람의 감정과 기분이다. 즉 사람은 자기와 연결된 사람의 감정에 크게 영향을 받는다. 하버드 대학 연구결과에 따르면 행복한 친구가 한 명 늘어날 때마다 그 사람이 행복해질 확률이 약 9퍼센트씩 증가하며 반대로 불행한 친구가 한 명 늘 때마다 행복해질 확률은 약 7퍼센트씩 감소한다고 한다.[72]

또 하버드 대학과 UC 샌디에고 대학의 공동 연구에 따르면 최근 20년간 미국 매사추세츠의 성인 4700명을 대상으로 행복한 감정이 가족, 친구, 이웃, 직장동료 등에게 어떻게 전파되는지 분석한 결과, 옆집에 행복한 사람이 살면 행복지수가 34퍼센트 올라갔고, 1.6킬로미터 이내에 거주하면 14퍼센트가 높아졌다고 한다. 행복지수가 높은 친구가 500미터 안에 살 때 행복지수는 42퍼센트까지 상승한 것으로 나타났다.

이 과학적 연구결과들에 근거해보면, 우리가 나눔을 통한 행복을 느끼고 누릴 때, 우리는 이 세상을 더 아름다운 곳으로 만들고 있는 것이다. 또 우리는 이와 같이 인맥으로 연결된 세상과 네잎클로버의 법칙들을 통해 더 많은 행운을 불러들이게 된다. 행운의 기회들은 대부분 사람을 통해 오기 때문이다.

필자도 유학을 준비하는 가운데, 주변 지인들의 네트워크를 통해 전 뉴질랜드 교육부장관을 비롯해 미 백악관 차관보의 도움까지 받을 수 있었다. 돌아보면 그것은 부족하지만 감사와 나눔의 마음으로 세상을 살려고 노력했던 필자의 모습을 지인들이 귀히 보았기 때문이라는 것을 깨달았다.

여러분도 행운의 법칙 7단계를 주변의 세 사람에게 알려주면 어떨까? 그에 상응하는 멋진 행운이 다가올 것이며, 이 세상은 그만큼 더 아름다워질 것이다.

> **행 · 운 · 포 · 인 · 트**
>
> **행운의 법칙을 퍼뜨려라, 행운이 다가올 것이다.**

영성의 시대

우리에게 다가오고 있는 새로운 세상은 어떤 세상일까? 마케팅의 대가인 켈로그 경영대학원의 필립 코틀러[Philip Kotler] 교수는 그의 저서 『마켓 3.0』에서 세계화라는 거대한 패러독스의 팽창으로 인해 앞으로 다가올 세상은 '이전과는 전혀 다른' 시장을 창조하고 있다고 강조하며 이를 '마켓 3.0'이라 명명했다. 그리고 '마켓 3.0' 시대의 키워드는 영성의 시대라고 말한다. 그렇다면 영성이란 무엇인가? 저명한 영국의 경영 사상가 찰스 핸디Charles Handy는 자신의 저서 『정신의 빈곤』에서 영성을 '삶의 비물질적 측면과 영속적 실체의 암시에 가치를 두는 정신'이라고 소개한다. 노벨상을 수상한 시카고 대학 경제학자 로버트 포겔Robert Fogel 또한 "물질적 충족의 정상에 오른 오늘날의 사회는 갈수록 영적 원천을 추구할 수밖에 없다"고 단언한다. 한국의 대표적 지성으로 손꼽히는 이어령 교수도 『지성에서 영성으로』라는 책을 통해, 자신의 인생 여정이 지성적 탐구에서 영성적 탐구로 변화한 과정을 이야기하고 있다.

미국 MIT에서 물리학과 철학을 공부한 뒤, 하버드 대학에서 심리학과 신학을 전공한 경영 컨설턴트 다나 조하Danah Zohar와 옥스퍼드 대학에서 심리학과 철학을 공부한 뒤, 런던 대학에서 의학을 전공한 이언 마셜Ian Marshall 두 부부는 자신들의 저서 『SQ』에서 인간이 신체와 정신, 마음을 가졌을 뿐만 아니라, '영성'을 가진 존재라는 새로운 인간관을 제시한다. 여기서 영성이란 과학적으로 설명할 수 없는 신비한 어떤 것이 아니라, 지금의 객관적인 상황을 초월해 새로운 차원에서 볼 수 있는 능력을 말한다. 즉 현재의 자기 자신과 환경 그 너머를 보고, 동시에 현실을 뛰어

넘는 의미와 가치를 찾는 능력이다. 다나 조하와 이언 마셜은 이러한 능력이야말로 인간만이 갖는 고유한 것이며, 인간을 인간이게 하는 요소라고 주장한다.

영성지능이란 현재 아직 충분히 규명되지는 않았지만, 일련의 과학적 자료들은 인간지능에 IQ와 EQ 외에 제3의 'Q'가 있음을 시사하고 있다. 즉 인간지능에 대한 완전한 서술은 영성지능, 줄여서 SQ라고 부르는 것을 논의함으로써 완전해질 수 있다. SQ란 우리가 의미와 가치의 문제를 다루고 해결하려 할 때 사용하는 인간지능, 우리의 행동과 삶을 광범위하고 풍부한 의미의 맥락에 자리매김할 수 있게 하는 지능, 어떤 일련의 행동이나 삶의 경로가 다른 것보다 의미 있다고 평가할 수 있게 하는 지능을 말한다. SQ는 IQ와 EQ가 효과적으로 기능하는 데 기본이 되는 인간의 궁극적인 지능이라고 할 수 있다.[73]

사이토 히토리 씨도 현시대에 대해 다음과 같이 말한다.

사람의 영혼은 성장하면서 여러 가지 문제를 겪습니다. 마찬가지로 이 세상의 영혼도 성장하기 때문에 이 세상에 전쟁이 필요할 때에는 전쟁이, 평화에 대한 생각을 해야 할 때는 평화가 찾아옵니다. 현대 사회는 베를린장벽의 붕괴를 기점으로 새로운 과정을 맞이합니다. 드디어 '영혼의 시대'가 찾아온 것입니다. 이제 과거처럼 무조건 열심히 일만 한다든가 힘으로만 밀어붙이는 방식은 더이상 통하지 않습니다. 변화는 경제 분야에서도 일어납니다. 과거의 패러다임에 따라 무턱대고 열심히 일하거나 많은 자본을 들이는 방식으로는 큰 성과를 올리지 못할 것입니다. 다시 한번 말하지만 지금은 영혼의 시대이기 때문입니다. 영혼에 대해 배워야 하고, 영혼의 성장에 대한 깨달음과 실천이 필요합니다. 저에게는 10명의 제자가 있습니다. 저는 그들에게 회사를 경영하는 법을 전수했지만 구체적으로 어떤 방법을 가르친 것은 아닙니다. 제가 가르친 것은 영혼을 성장시키고 풍성하게 하는 법입니다. 그 가르침에 따라 '즐겁다'는 철학으로 회사를 경영하면서 회사의 성과는 점점 커지고, 모두가 풍요로워졌습니다.[74]

필자는 미래의 흐름을 읽기 위해 과학적 논리에 기반을 둔 미래학, 경영학 서적들과 직관적 통찰에 기반을 둔 여러 지혜서와 예언서에 귀를 기울이는데, 이 두 종류의 책들에서 세계적인 석학들과 현인들이 공통적으로 이야기하는 것이 있다. 지금 이 시대가 과학기술과 물질문명의 시대에서 정신문명 중심인 영성의 시대로 이행하고 있는 전환기라는 것이다. 그리고 향후 10년을 전후로 커다란 패러다임 전환이 나타날 것으로 의견을 모으고 있다.

이 말은 다가오는 새로운 영적인 시대의 패러다임에 적합한 삶의 태도를 갖추는 것이 바로 행복한 성공의 비결이라는 의미다. 영혼의 시대를 살아가기 위한 적합한 삶의 태도는 과연 무엇일까? 다시 한번 사이토 히토리 씨의 말을 빌려보도록 하자.

이 세상에는 여러 가지 즐거움이 있지만 사람들에게 영원한 기쁨을 주는 것은 오직 한 가지입니다. 그것은 바로 자신의 한계를 초월하는 일, 그리고 그것을 위해 끊임없이 노력하는 것입니다. 사람이란 자신을 뛰어넘는 일에 도전하며 기쁨을 느끼도록 프로그램된 존재이기 때문입니다. 하지만 많은 이들이 이런 기쁨을 놓치며 살아갑니다.

진정한 성공을 위해서는 즐거운 노력을 기울여야 합니다. 즐겁게 하는 노력인가 고통스럽게 하는 노력인가에 따라 성공과 실패가 결정되기 때문입니다. 성공하기 위해서는 '즐겁고 즐겁다. 정말로 즐겁다'라는 마음을 가지고 있어야 합니다. 성공은 바로 이 즐거움으로부터 시작되는 것입니다. 삶의 목적은 다른 사람을 사랑하기 위해서입니다. 물론 사랑하는 방식은 저마다 차이가 있을 것입니다. 하지만 사랑이야말로 이 영혼의 시대를 살아가는 최고의 방법입니다.[75]

스물세 살의 나이로 『의식의 스펙트럼』을 저술하여 자아초월

심리학의 패러다임을 바꾼 이래, '심리학의 아인슈타인'으로 불리는 자아초월 심리학의 대가이자 이 시대의 가장 중요한 석학으로 손꼽히는 켄 윌버Ken Wilber 또한 그의 책 『통합 비전』에서 새로운 영성의 시대가 도래했으며 영성은 사랑을 포함하며, 영적이 된다는 말은 사랑하는 존재가 되는 것이라고 말한다.

호스피스의 어머니, 의학계의 여신, 죽음학의 세계적 대가로 불리며, 시사주간지 『타임』이 선정한 20세기를 변화시킨 100인 중의 한 사람인 정신의학자 엘리자베스 로스Elizabeth Ross 박사도 2만 명의 임사체험자들의 사례를 통해 죽음에 관한 깊은 연구를 한 후 다음과 같은 결론을 내렸다.

삶의 궁극적인 과제는 무조건적으로 사랑하고 사랑하는 법을 배우는 것이지요. 최고의 축복은 늘 돕는 것에서 나옵니다. 죽음의 순간에 당신은 다음과 같은 두 가지 질문을 받을 것입니다. '당신은 얼마나 많은 봉사를 하며 살았는가?' '당신은 얼마나 많이 조건 없는 사랑을 주고 또 받았는가?'[76]

이 세계적인 대가들의 공통적인 의견들을 정리해보면 사랑과 감사와 같은 영적 감정을 가능한 한 풍성하게 느끼며 살아가는 것이 현실로 도래하고 있는 영적인 시대에서 행운을 부르는 법이며 곧 행복한 성공의 비결이 된다는 것을 명확히 알 수 있다.

어느덧 행운 실험보고서의 마무리를 할 시간이 왔다. 수많은 시행착오를 거치며 깨달은 행운의 지혜를 나눔으로써 더 많은 사람들이 행복해졌으면 하는 작은 소망을 담아 이 글을 썼다. 이 소박한 마음의 선물이 여러분의 삶을 조금이라도 더 행복하게 만드는 데 도움이 되기를 두 손 모아 기도하며 행운 실험보고서의 마지막 글을 마친다.

> 행 · 운 · 포 · 인 · 트
>
> 영성의 시대가 도래했다. 서로 사랑하고 감사하자!

1. 베풀면 돌아온다. 반드시 더 크게.

2. 내게는 절대 변하지 않는 생각이 하나 있습니다. 부는 다른 사람들을 위해 사용해야 한다는 겁니다. _척 피니

3. 행복하고 싶다면 헬퍼스 하이를 경험해보라.

4. 무병장수를 원한다면 나누고 베풀어라.

5. 나눔의 수준이 행운의 수준이다.

6. 행운의 법칙을 퍼뜨려라, 행운이 다가올 것이다.

7. 영성의 시대가 도래했다. 서로 사랑하고 감사하자!

7단계 행운의 다이어리

나눔에도 계획이 중요하다. 그래야 실천하기가 한결 수월하고 마음도 자꾸 나눠 봐야 더 커지기 때문이다. 이번에는 구체적인 나눔의 계획을 세워보자.

내가 나눌 수 있는 것	나눌 수 있는 방법
1. 재능	재능 기부 예) 악기 연주나 노래 봉사로 요양원 연 2회 방문하기.
2. 시간	자원 봉사 예) 고아원에 월 1회 방문하여 아이들과 놀아주기.
3. 물질	가진 것 나누기. 예1) 안 쓰는 물건 아름다운 가게나 굿월 코리아에 기부하기. 예2) 월드비전이나 굿네이버스, 컴패션에 매달 1만원씩 후원하기. 공정무역 커피 마시기. 공정무역 초콜렛 사기.

행운의 법칙 7단계

🍀 **행운의 법칙 1단계—배양토의 비밀**
네잎클로버가 자라날 땅, 배양토를 잘 일군다.
무의식의 힘 : 무의식은 우리 삶에 큰 영향을 미친다.

🍀 **행운의 법칙 2단계—씨앗의 비밀**
튼튼하고 싱싱한 네잎클로버를 키우기 위해 좋은 씨앗을 고른다.
말의 힘 : 좋은 생각을 표현하는 긍정적인 말이 중요하다.

🍀 **행운의 법칙 3단계—발아의 비밀**
네잎클로버 싹을 틔우기 위해 날마다 물을 준다.
믿음의 힘 : 긍정의 말과 상상의 꾸준한 반복을 통해 믿음이 형성된다.

🍀 **행운의 법칙 4단계—영양분의 비밀**
네잎클로버를 건강하게 키우기 위해 좋은 영양분을 충분히 공급한다.
감정의 힘 : 사랑, 두려움 같은 감정은 우리의 믿음을 현실화시키는 강력한 에너지다.

🍀 **행운의 법칙 5단계—성장의 비밀**
자연의 법칙에 맡기고 느긋하게 새싹이 자라는 것을 기다린다.
이완의 힘 : 심신의 이완과 휴식은 몰입도와 직관력을 높여 최고의 성과를 낼 수 있게 한다.

🍀 **행운의 법칙 6단계—클로버의 비밀**
피어난 네잎클로버에 감사하고, 피어나지 못한 네잎클로버는 용서의 마음을 가지고 성장하지 못한 이유를 분석한다.
감사와 용서의 힘 : 이루어진 꿈에 대한 감사, 그리고 자신의 실수와 실패에 대해 용서하는 마음이 중요하다.

🍀 **행운의 법칙 7단계—꽃의 비밀**
피어난 네잎클로버의 꽃과 씨앗을 주위 사람들에게 선물한다.
나눔의 힘 : 나눔은 진정한 행복의 비결이다.

꿈을 찾아 떠나다

　많은 분들이 교통사고 이후 어떻게 그 어려움을 극복했는지 많이 궁금해하십니다. 앞에서 말씀드렸던 것처럼, 저는 교통사고 이후 많이 힘들었습니다. 특히 다시 걷지 못할 것 같은 두려움은 정말 극복하기 어려웠으니까요. 하지만 네잎클로버 제3법칙 '초점의 법칙'을 제가 원하는 방향으로 사용하지 못하고 있다는 것을 깨닫게 된 후부터 다시 한번 행운의 법칙들에 따라 한 걸음 한 걸음 꿈을 향해 나아갈 수 있었습니다.

　우선 가장 쉬운 것부터 시작했습니다. 매일매일 목표로 하고 있는 Top MBA School에서 합격 이메일과 전화가 오는 모습을 종이에 적으며 상상했습니다. 그 학교들의 사진들을 바라보며 제가 그 속에서 공부하고 캠퍼스를 거니는 모습을 눈앞에 그려봤

고, 합격 순간의 짜릿함과 기쁨으로 저를 도와주었던 분들에게
제가 감사하는 모습을 상상했습니다. 신기한 건 가끔씩 이런 상
상만으로도 기쁨의 소름이 돋기까지 했습니다. 정말 기쁘고 뿌듯
했습니다.

물론 당시 능숙하지 못한 제 행운의 법칙 활용 능력으로는 낮
은 점수로 인한 불합격의 불안함을 완전히 떨쳐버릴 수 없었습니
다. 앞장에서 보셨듯이 행운을 불러들이기 위해 가장 중요한 것
중 하나가 믿음인데 그런 믿음의 큰 장애물이 바로 불안감이었습
니다. 저는 이 불안감을 떨쳐버리기 위해 무언가를 하지 않으면
안 된다는 것을 느끼고 있었습니다. 그러다 문득 떠오른 생각이
있었습니다.

'낮은 점수로 누군가가 합격을 했다면, 나도 가능하지 않을
까?'

저는 그때부터 저와 유사한 점수로 Top School에 들어간 사
람들이 얼마나 있을까 인터넷을 뒤지기 시작했습니다. 사실 지금
생각하면 찾아본 결과는 매우 부정적이었습니다. 지난 3년 동안
그런 점수로 합격한 사람이 채 5명도 안 되었으니까요. 하지만 이
5명이 안 되는 사람들은 저의 '작은 희망'이 되어주었습니다.

'누군가는 합격했구나. 그렇다면 나도 할 수 있다!'

작은 희망으로 제 믿음을 다시 세울 수 있었습니다.

그다음으로 저는 제가 바꿀 수 없는 것보다는 제가 바꿀 수

있는 것에 집중하기 시작했습니다. 결과는 행운의 법칙에 맡기고, 네잎클로버 제4법칙 인과의 법칙에 위배되지 않도록 제가 할 수 있는 일을 찾아서 하기로 했습니다. 즉, 점수 이외에 제가 할 수 있는 다른 어떤 것들이 있는지 파악했습니다.

MBA 합격은 이력서, 에세이 및 GMAT와 TOEFL 시험점수, 그리고 인터뷰로 결정되는데 저는 낮은 점수를 보완하기 위해 이력서와 에세이에 정말 많은 시간을 보냈습니다. 학교와 연락도 하고, 전화로 국내외에 있는 그 학교들의 선배와 이야기도 해보았습니다. 제가 비록 아파서 누워 있지만, 비록 목표 점수를 받지 못한 것 때문에 좌절하기도 했지만, 당시 저는 MBA 준비를 위해 누워서 할 수 있는 모든 일을 다 했습니다. 제 삶의 변화와 목표, 철학을 녹여내고, 어떤 학교가 나와 가장 잘 맞는지 알아보는 그 MBA 준비 과정을 굿윌 일과 동시에 병행하느라 잠도 많이 자지 못했습니다. 그래도 굿윌 일도, MBA 준비도 참 즐겁게 했습니다.

즐겁게 준비하는 동안 신기하게도 작지만 참으로 수많은 행운들이 다가왔습니다. 모르는 사람이 제가 목표로 하던 학교 MBA 출신을 소개해주기도 했고, 친구의 친구를 통해 텍사스 대학교 영문과 교수님이 제 에세이에 피드백을 해줄 정도로 많은 사람들의 조언을 받을 수 있었습니다. 참으로 감사했습니다. 더군다나 이런 작은 행운들이 모여 제가 원하는 꿈과 비전을 이루게 해주는 큰 행운이 되어간다는 것을 알고 나니 더욱더 감사했습니다.

그렇게 감사의 시간은 흘러갔고, 저는 비영리 분야에 강점이 있는 몇몇 학교에 원서를 내고, 인터뷰를 마친 후 기다렸습니다. 힘을 빼고 차분히 기다렸습니다. 에세이를 쓰고, 조언을 구하는 동안 정말 많이 감사했고, 정말 많이 행복했고, 정말 즐겁게 열심히 했으니까요. 그때는 설령 떨어져도 그동안 즐겁고 행복했기에 후회는 없다는 생각을 했습니다. 이번에 최선을 다했으니 떨어져도 그것은 더 좋은 기회를 향한 최적의 타이밍이 나에게 필요하다는 행운의 법칙의 결과라고 생각하며 기쁨으로 하루하루 기다렸습니다.

2008년 봄 어느 날, 제가 상상했던 것과 똑같은 일이 벌어졌습니다.

Congratulations! The admissions committee at The Fuqua School of Business is pleased to offer you (…)

축하 동영상과 함께 온 이메일, 듀크 MBA로부터 합격 소식이 왔습니다. 기쁨의 눈물이 주르륵 흘러내렸습니다. 옆에서 보던 아내도 기뻐하며 함께 웃고 울었던 그 모습을 저는 지금도 생생하게 기억합니다.

사흘 뒤, 저는 학교로부터 또 한 통의 이메일을 받게 되었습니다.

Dear Min-Ki: Each year, a limited number of scholarships are awarded to outstanding candidates to The Duke MBA program (…)

메일을 열어본 순간 저는 너무 놀랐습니다. 학교에서 GMAT 점수가 낮은 저에게 장학금을 준다는 메일이었습니다. 그 순간 제 에세이에 조언을 해준 30여 명의 친구들과 얼굴도 모르는 감사한 사람들이 떠올랐습니다. 그리고 진심으로 그들에게 다시 한 번 감사하며 또다시 기쁨의 눈물을 흘렸습니다.

세계 경제를 흔든 미국의 금융 위기

MBA 준비 경험을 통해 저는 '행운의 법칙 7단계'에 대해 큰 자신감을 가지게 되었습니다. MBA에 와서도 몇몇 작은 어려움들이 있었고, 그 어려움들도 행운을 부르는 7단계 법칙을 통해 행운으로 바뀌게 되는 경험을 많이 했습니다.

2009년 당시 미국은 최악의 금융 위기로 미국인 10명 중 1명이 직장을 잃는 취업 대란에 놓여 있었습니다. MBA들은 경력을 쌓기 위해 1학년을 마치고 여름방학에 MBA 인턴십을 하게 됩니다. 실제로 졸업 후 그 회사 혹은 그 분야의 직장으로 연결되는 경우가 많아서 MBA 기간 중 가장 신경을 많이 쓰는 때고, 인턴십을 찾는 데 시간 투자도 많이 합니다. 하지만 경제 상황이 악화되어 인턴십 기회도 많이 사라졌습니다. 비영리 분야도 큰 영향을 받았습니다. 많은 회사들이 비영리 분야에 대한 기부 예산을 반으로 줄이거나 없애면서 그 분야에서도 직원을 해고하는 일이 많아졌습니다. 저도 이런 상황을 피부로 느낄 수 있었습니다. 비영리 인턴십 1명 혹은 2명을 뽑는 데 5백 명에서 천 명의 MBA가 지원하는 황당한 상황이 벌어졌습니다.

이런 경쟁 상황에서 영어가 부족한 외국인으로서 미국에서 인턴십 기회를 잡는 것은 정말 쉽지 않았습니다. 하지만 이상하게도 저는 그렇게 불안해하지 않았습니다. MBA를 준비할 때와 크게 다르지 않을 거라는 믿음이 있었습니다. MBA 준비 때처럼 하나하나 제가 할 수 있는 일이 무엇인지 찾아가며 즐겁게 준비했습니다. 많은 미국 친구들은 물론이고 처음 보는 사람들마저 저에게 도움을 주었고, 제 이력서와 인터뷰에 대한 피드백도 참 많이 받았습니다. 문화적 차이, 언어 장벽에 대한 부담감으로 가끔씩 좌절하고 두려움에 사로잡히긴 했지만, 하루 이틀 지나면 다시 행복한 상상에 즐거워했습니다. 이렇게 몇 개월이 지난 뒤 저는 International Youth Foundation이라는 미국 볼티모어에 있는 비영리 기관의 사회적기업가를 지원하는 부서에서 두 달간 인턴십을 할 수 있는 행운을 잡았습니다.

인턴십까지 성공적으로 수행한 후부터 저도 모르게 저에게는 항상 쉽게 행운이 올 것 같은 생각이 들었습니다. 그렇게 2학년 때는 희망에 부풀어 지냈습니다. 하지만 그랬던 저에게도 졸업 후 취업이라는 행운은 그렇게 쉽게 다가오지 않았습니다.

외국인이라는 사실, 또 비영리 분야에 재무를 전공한 사람이 왜 오느냐는 의심. 미국에서도 MBA 출신이 비영리 분야에서 일하는 것은 아직 졸업생 중 5퍼센트도 안 되는 드문 일이었기에 비영리 분야 취업의 문은 그렇게 쉽게 열리진 않았습니다. 더군다나 계속 들려오는 미국의 실업률 상승에 관한 소문은 점점 더 제 주변 사람들을 불안하게 만들었습니다. 결국 잘될 거라는 믿음을 가진 저였지만, 가끔은 제 주변 사람들이 그런 불안감을 얘기할 때마다 미국 역사상 몇 십 년 만에 닥친 경제 불황이라는 큰 산 앞에서 제가 태어나서 처음 와본 곳에서의 취업은 정말 어려운 일일지 모른다는 두려움이 제 안에서 슬며시 고개를 쳐들곤 했습니다.

'미국 사람 10명 중 1명이 직업이 없다고 하는데, 외국인인 내가 직업을 가질 수 있을까? 졸업 후 3개월 내로 취업을 하거나 무급으로라도 일하지 못하면 비자 때문에 한국으로 돌아가야 하는데 취업이 안 되면 어떡하지?'

현실적으로 부정적인 상황들과 주변의 걱정, 꿈만 꾸지 말고 현실을 인지하고 재무 분야로 다시 돌아가라는 친구들과 선배들의 충고들. 심리적인 압박감 때문에 저는 많이 두려워했고, 가끔씩은 그 두려움에 희망을 잃고 좌절하곤 했습니다.

어느덧 시간은 흘러 취업을 준비한 지 5개월이 지났고 결국 졸업을 했지만, 저는 미국의 비영리 분야에서 취업을 하지 못했습니다. 한국인 동기들이 하나둘씩 새로운 직장에서 일을 하기 위해 한국으로 떠나고, 미국 동기들도 하나둘씩 다른 지역으로 일을 하기 위해 떠나갔습니다. 그 모습을 보며 부러워하기도 하고 언제쯤 취업을 할 수 있을까 하는 걱정이 들기도 했습니다. 한국에서는 평범한 사람으로라도 살 수 있었는데 이곳에서는 소수민족에 외국인이라는 약자의 현실, 그리고 세상에 혼자 남겨진 듯한 외로움이 저를 매일매일 괴롭혔습니다.

하지만 행운의 실험을 통해 얻은 경험은 저에게 큰 힘이 되었습니다. 좌절할 때마다 예전 일을 떠올리며 4년 전 계획했던, MBA를 온 이유와 제 꿈의 첫번째 목표이자 미래 꿈의 디딤돌이 될, 미국 사회적기업에 취업한 저의 모습과 저를 믿어준 사람들에게 감사하며 기뻐하는 모습을 상상하며 스스로를 다시 추스르기도 했습니다.

지금 상황에서 내가 할 수 있는 일과 내가 할 수 없는 일을 나누고, 내가 할 수 없는 일은 행운의 법칙에 맡기고 좋은 행운이 다가올 것을 믿었으며, 내가 할 수 있는 일을 어떻게 더 잘해나갈까 항상 행운의 법칙 7단계를 점검하며, 계속 주변의 도움을 받아 하나하나 배워나갔습니다.

그리고 어려울 때마다 제 주변에서 늘 응원해주는 사람들, 나를 믿어주는 사람들을 생각하면 어쩐지 즐거워지고, 다시 행운의 법칙을 떠올리며 한 단계, 한 단계 점검할 수 있었습니다. 매일매일 관심 있는 비영리 회사의 구직 소식을 검색하고, 마음에 드는 포지션이 나타나면 회사를 분석해서, 자기소개서와 이력서를 작성해 보냈습니다. 한 번도 본 적 없는 관련 분야에 있는 미국 사람들이지만, 이메일도 보내고 전화 통화도 요청하며 계속 정보도 얻고 다른 사람 소개를 부탁하며 계속 비영리 분야에서의 네트워크도 넓혀나갔습니다.

이런 과정에서 처음 보는 사람과 영어로 대화하는 것에 스트레스도 많이 받았지만, 새로운 사람들과 얘기하면서 영어에 대한 자신감도 붙었고, 좋은 꿈을 품고 열심히 노력하는 모습에 응원을 보낸다는 격려 메시지도 많이 받았습니다. 그리고 많은 사람들과 얘기하면서 미국 사람들과 영어로 대화를 자연스럽게 이끌어가는 법도 연습이 되면서 인터뷰에 대한 자신감도 가지게 되었습니다.

취업을 준비하는 과정이 결코 쉬웠다고는 얘기할 수 없지만, 그래도 힘든 와중에 느꼈던 작은 행복들로 인해 예전보다 더욱 행복할 수 있었습니다. 처음 통화한 미국인에게 "영어를 참 잘한다"는 칭찬을 듣고 내 부족한 영어 실력을 높이는 데 많은 도움을 주었던 미국 MBA 동기들에게 감사의 이메일을 보내 기쁨을 나누기도 했고, 친구의 소개로 만난 사람이 얘기를 나누다가 제 경력이 참 특이하고 열정이 많이 느껴진다며 이력서를 보내달라고 요청했던 적도 있습니다. 극심한 불황 속에서도 다른 미국 친구들 못지않은 인터뷰 기회를 얻을 수 있었고, 자기소개서를 업그레이드하고 싶을 때 우연한 인연으로 전문가와 연결되어 도움을 받기도 했습니다.

그리고 나를 격려하며 믿어주는 많은 사람들, 그리고 자신과 아무 상관도 없지만, 내가 꿈을 이루는 모습을 꼭 보고 싶다며 성심껏 자신의 시간과 조언을 아끼지 않았던 많은 미국 친구들과 멘토들, 이런 사람들이 항상 곁에 있음에 감사하며 즐겁게 기다릴 수 있어서 참 많이 행복했습니다.

4년간 꿈꿨던 꿈, 사회적기업가!

그렇게 취업을 준비한다며 비영리 회사에 지원하기 시작한 지 8개월 반, 8월 말의 어느 날 밤 10시 30분, 저에게 또다른 행운이 다가왔습니다.

Dear Minki: It is a pleasure to confirm that you have

passed the selection process of Ashoka. I am currently traveling in the US and taking some time off, but wanted to communicate directly and let you know that we would be extremely happy if you were to accept an offer to work with us.

(…)

Looking forward to hearing from you.

Warm regards,

Ashoka

합격을 알리는 아쇼카^{Ashoka: Innovators for the Public}로부터의 이메일. 4년 전 주변의 반대에도 불구하고 월급 없이 굿윌로 직장을 옮기며 꾸었던 그 꿈, 나의 10년 계획의 발판이 될 첫번째 작은 꿈, MBA 에세이를 쓰며 졸업 후 일하고 싶은 회사 중 하나로 이름을 떠올렸던 곳. 바로 사회적기업가들을 통해 사회적 이노베이션 분야를 선도하고 있는 세계적인 투자기관 아쇼카, 그렇게 그리던 곳에서 8차에 걸친 인터뷰를 모두 통과한 것을 축하한다며 함께 일하자는 연락이 온 것입니다.

4년 동안의 꿈이 이루어지는 순간, 정말 너무나 기쁠 줄 알았는데, 아무런 생각도 떠오르지 않아 멍하게 아내의 얼굴만 바라보았습니다. 아내가 축하한다며 저를 꼬옥 안아주었던 그 순간, 나를 묵묵히 믿어주던, 격려와 조언으로 작지만 큰 힘을 주던 수많은 사람들의 얼굴이 하나하나 스쳐지나갔습니다.

그때는 매우 큰 행운에 기쁨도, 행복도, 감사도 느낄 수 없었지만, 그 소식을 듣고 자신의 일처럼 기뻐해준 한국에 있는 가족, 친구들, 이메일로 축하하는 마음을 듬뿍 담아 보내준 미국 전역에 흩어져 있는 친구들에게 너무나 감사했습니다. 제가 꿈꾸던 것을 이룬 것만으로 그리고 그 감사를 전하는 것만으로 제 주변 사람들이 기뻐할 뿐 아니라, 자신들이 저의 꿈을 이루는 데 도움이 된 것에 더욱 감사한다는 메시지를 들을 때마다 느껴졌던 그 감동은 저를 더욱 행복하게 만들었습니다. 지금도 그때 서로 감사에 대한 감사를 나누던 그 감동을 생각하면 저도 모르게 행복과 감사의 눈물이 흘러내립니다.

하지만 지금은 행복하게 기억되는 MBA 시절도 돌이켜보면 많은 어려움이 있었습니다. 수업 중 영어로 말하다 실수해서 면박도 많이 받았고, 외국 친구와 과제를 수행할 때 제 의견을 마음껏 표현하지 못해 무식한 사람으로 취급당하는 제가 불쌍하게 느껴지기도 했습니다.

취업 준비 기간에 인터뷰를 마치고, 불합격 소식을 전하는 이메일을 받을 때마다 내가 더 잘하지 못해 떨어졌다고 나 자신을 질타하며 내가 이렇게 하는 것만으로 정말 내 꿈이 이루어질까 생각하며 두려움과 불안감에 싸여 이미 경험했던 행운의 법칙에 대한 의심을 했던 것이 사실입니다.

아직도 가끔씩 사람들과 이야기를 나누다보면, 제가 가는 길이 너무 어려울 것 같다며 왜 남들이 원하는 재무 분야를 떠났냐고 질타 아닌 질타를 하는 사람들을 만나게 됩니다. 학교에서 대출을 받아 MBA를 졸업했는데 월급이 적은 비영리 단체에서 일하는 것이 억울하지 않냐고 묻는 친구들도 있습니다.

이렇듯 여전히 저에게도 매일매일 도전과 힘든 일이 다가오고 있고, 그런 힘든 일로 인해 괴로워하며 한숨을 쉴 때도 있습니다. 하지만 유학 준비, MBA 재학 중 영어 및 문화 장벽에 대한 도전, 인턴십 및 졸업 후 구직 과정 등, 제 인생을 통한 행운 실험 덕분에 지금의 저에게는 예전과는 달라진 한 가지 믿음이 있습니다.

"항상 행복할 수는 없겠지만, 행운의 법칙을 따라 살게 되면 우리의 인생은 점점 더 행복해질 수 있다"는 것입니다.

행복해진다고 해서 힘든 일이 없어지지 않지만, 힘든 일이 다가와도 그런 일들이 점점 줄어간다는 것을 알게 되었습니다. 그리고 행운이 무조건 많이, 그리고 빨리 오는 것보다 제가 행운을 받아들일 준비되었을 때 저에게 다가오는 적절한 행운만이 제 인생을 행복하게 만드는 진정한 행운이라는 것도 깨닫게 되었습니다. 또한 모든 것이 계획된 대로 이루어지지 않을 수도 있지만, 이루어진 작은 것들에 감사하고 계속 시도한다면 점점 더 이룰 수 있는 것이 많아지며 제가 계획했던 것보다 저를 더욱 행복하게 만드는 그 무언가가 저에게 주어진다는 것도 알게 되었습니다.

글을 쓰고 있는 지금도 제 왼쪽 다리가 계속 저려오는 것을 느낍니다. 지금도 가끔씩 허리가 아파 허리보호대를 차고 회사에 출근합니다. 아직 마음껏 뛰지도 못하고, 무거운 짐을 옮길 수도 없습니다. 하지만 시간이 갈수록 고통도 줄어들고, 다리 저림도 익숙해지고 있습니다. 무엇보다도 이제는 다른 사람들처럼 마음껏 걸어다닐 수 있음에, 그리고 7년 전 불가능해 보이던 꿈을 꾸고 불가능해 보이던 계획을 세웠던 제가, 꿈에 그리던 사회적기업가가 되어 지금까지 아쇼카에서 행복한 꿈을 꾸며 일할 수 있음에 너무 감사하고 있습니다.

앞으로 제 인생의 모든 일이 순조롭고 고통 없이 이루어질 거라고는 생각하지 않습니다. 하지만 행복한 꿈을 머금고, 그 상상에 즐거워하며 살아간다면 행운을 만들게 될 것이고 어느새 그 꿈이 행복한 현실이 되어 다가온다는 것을 지금은 믿게 되었습니다.

두 친구의 멈추지 않는 꿈

제가 워싱턴 D.C.에 와서 일한 지도 어느덧 3년이 되어갑니다. 아쇼카에서 전 세계 30개국의 다양한 사람들과 일하다보면, 어떻게 한국에서 일하다가 미국에 와서 이전의 일과는 완전히 다른 비영리 분야에서 일하게 되었냐는 질문을 종종 받습니다. 저는 이런 질문을 받을 때마다 우리가 실험했던 행운의 법칙들을 이야기해줍니다. 신기한 것은 유럽, 아프리카, 남미, 아시아 그리고 미국 등 전 세계에서 온 다양한 동료들 모두 이 행운의 법칙 7단계에 공감하며 많은 관심을 보인다는 것입니다. 그래서 아쇼카에서 일하며 우리가 실험한 행운의 법칙들이 국경과 시대를 초월할 수 있다는 것을 피부로 느끼게 되었습니다. 특히, 제가 한국에서 이 책의 어린이 및 청소년 버전인 『행운의 고물토끼』라는 책을 출판했다는 이야기를 듣고, 동료들이 자신들도 읽고 싶다며 언제 영어로 책이 출간되냐고 많이 물어옵니다. 그중 한국어를 잘하는 중국인 동료는 그 책을 읽은 후 적극적으로 행운의 법칙 메신저가 되고 싶다며 벌써 중국에 있는 자신의 지인들에게 이 법칙들을 전하기 시작했다고 합니다. 이런 이야기를 들을 때마다 제 가슴이 많이 따뜻해짐을 느낍니다.

작가 테네시 윌리엄스^{Tennessee Williams}는 "나는 행운아라고 믿는 것, 그게 바로 행운이다"라고 얘기했습니다. 하지만 현실적으로 자신을 행운아라고 믿는 것 자체가 그리 쉬운 일은 아닙니다. 그래서 '행복한 성공'을 위해서는 이 책에서 얘기하는 행운의 법칙 7단계를 익히는 것이 필요한 것입니다. 하지만 만약 저희가 실행한 방식을 문자 그대로 따라 한다면 원하는 성공에 이르지 못할 수도 있습니다. 왜냐하면 성공에 이르는 방식은 각자의 개성과 장점에 따라 다를 수밖에 없기 때문입니다. 그것보다 먼저 아직 저희가 성공했다고 말하기도 부끄럽습니다. 이제 '행운 실험보고서' 제1편을 마친 수준 정도라고 말할 수 있을까요?

처음 시작은 행운의 법칙 7단계의 무의식적인 습관화를 위해 이 책을 최소한 일곱 번 읽기 바랍니다. 그리고 앞서 서문에서 언급했지만 가능한 심신이 이완된 상태에서 편안한 마음으로 읽기 바랍니다. 무엇보다 중요한 것은 자신만의 독특한 상황에 대한 이해와 적용입니다. 여기 나온 방법들을 그대로 모방하지 말고 다양한 실험을 통해 본인만의 행운의 법칙 7단계의 창조적 적용법을 찾아내기 바랍니다. 그리고 가능하면 함께 자신의 인생에 행운의 법칙 7단계를 적용할 수 있는 모임을 만들기 권합니다. 왜냐하면 삶의 방식을 바꾸는 것이 결코 쉬운 일은 아니기 때문입니다. 저희도 서로 행운의 법칙을 이야기하고, 격려해주지 않았다면 쉽게 저희 인생에 행운의 법칙을 적용할 수 없었을 것입니다. 행운의 법칙을 지속적으로 실천하기 위해 이 책을 단계별

로 함께 읽으며 서로 격려해줄 수 있는 친구 및 가족 등, 함께할
수 있는 사람들을 찾아 행운 모임을 만드세요. 자신이 나태해져
도 다시 제자리로 돌려줄 수 있는 행운 시스템을 만든다면 큰 도
움이 되기 때문입니다.

저희는 이제 막 인생에서의 '행운 실험보고서' 제1편을 마쳤
고, 이제 행운 실험보고서 제2편을 시작하려 합니다. 행운 실험
보고서 제1편에서는 이 '꿈의 연금술'로 저희의 작은 꿈을 현실
화한 이야기를 여러분과 나누었고, 이제 행운 실험보고서 제2
편을 펼치기 위해서 저희는 새로운 꿈을 꾸기 시작했습니다. 그
꿈은 바로 '행복을 퍼뜨리는 데 집중하는 재단(가칭 Viewpoint
Foundation)을 설립하는 것입니다. 우리가 살아가는 이 세상을 더
행복하고 더 아름답게 만들 수 있는 아이디어를 가진 사람들을
찾아내서 그들을 교육하고 그들의 아이디어를 통합적으로 지원
하는 새로운 개념의 비영리 재단입니다. 이 꿈을 현실화하기 위해
한 친구(김민기)는 워싱턴에 있는 글로벌 사회적기업가 투자기관
아쇼카에서 한국인 최초 디렉터로서 열심히 일하며 사회적기업가
정신을 배우고 있으며, 또 한 친구(조우석)는 행운의 법칙들을 교
육하여 행운의 지혜를 널리 퍼뜨리고, 행복한 학교 설립을 위해
책추남 나비 스쿨(NAVI SCHOOL)을 운영하며 오늘도 행복한 꿈
을 꾸며 앞으로 나아가고 있습니다.

지금까지 책을 읽어주신 독자 여러분께 감사의 말을 전합니다. 저희는 "혼자 꾸면 꿈일 뿐이지만 함께 꾸면 현실이 된다"는 말을 참 좋아합니다. 지금 이 책을 읽고 있는 독자 여러분들을 통해 지금보다 많은 사람들이 행운의 법칙을 익히고 더 행복한 세상을 함께 꿈꾸었으면 좋겠습니다. 그리고 오늘날 저희가 있기까지 사랑으로 함께해주셨던 모든 분들께 진심 어린 사랑과 감사의 마음을 전하며 이 책을 마칩니다.

행운 실험보고서 1편을 마치며,

김민기, 조우석

주

1. 히스이 고타로, 『3초 만에 행복해지는 명언 테라피』, 서인행 옮김, 나무한그
루, 2006, 24~25쪽.

2. 사이토 히토리, 『1퍼센트 부자의 법칙』, 이정환 옮김, 한국경제신문, 2004,
73~74쪽.

3. 차동엽, 『뿌리 깊은 희망』, 동이, 2009, 29쪽.

4. 미즈노 난보쿠, 『운명을 만드는 절제의 성공학』, 류건 엮음, 권세진 옮김, 바
람, 2006, 52~53쪽, 142~143쪽.

5. 기획기사 「MONEY: 혼다 켄의 해피 리치」 '억만장자와 행운'(한경비즈니스
2005년 7월 17일자) 참조.

6. 리처드 와이즈먼, 『잭팟 심리학』, 이은선 옮김, 시공사, 2008 참조.

7. 하마다 가즈유키, 『1%의 영감을 깨우는 에디슨의 메모』, 신현호 옮김, 북플
래너, 2004.

8. 널르 C. 넬슨·지니 르메어 칼라바, 『소망을 이루어주는 감사의 힘』, 이상춘
옮김, 한문화, 2012, 29쪽.

9. 이송미, 『몸과 마음을 살리는 기적의 상상치유』, 한언출판사, 2010, 59쪽.

10. 그렉 브레이든, 『잃어버린 기도의 비밀』, 황소연 옮김, 굿모닝미디어, 2009,
40~44쪽.

11. 이나모리 가즈오, 『카르마 경영』, 김형철 옮김, 서돌, 2005, 227~229쪽.

12. 베티 이디, 『그 빛에 감싸여』, 박은숙 옮김, 김영사, 1994, 89~90쪽.

13. 사이토 히토리, 『1퍼센트 부자의 법칙』, 이정환 옮김, 한국경제신문, 2004
참조.

14. 모치즈키 도시타카, 『당신의 소중한 꿈을 이루는 보물지도』, 은영미 옮김, 나라원, 2010, 141쪽.

15. 강길전·이기환·홍달수, 『대체의학의 이론과 실제』, 가본의학, 2008, 58쪽.

16. 에디 디너·로버트 비스워스 디너, 『모나리자 미소의 법칙』, 오혜경 옮김, 21세기북스, 2009, 108쪽.

17. 이도영, 『기적을 만드는 1%의 힘』, 꿈같은삶, 2006, 260~262쪽.

18. 리처드 와이즈먼, 『59초』, 이충호 옮김, 웅진지식하우스, 306쪽.

19. 리처드 와이즈먼, 같은 책, 305~306쪽.

20. Dr. John Krumboltz, Ph. D. *Luck Is No Accident* Als Levin, Ed. D

21. 조지프 캠벨·빌 모이어스, 『신화의 힘』, 이윤기 옮김, 이끌리오., 2002 참조.

22. Lawrence Baines, *How to Get a Life Vol. 1: Empowering Wisdom for the Heart and Soul*, Humanics Trade Group, 2003, p. 53.

23. 조지프 캠벨, 『신화의 이미지』, 홍윤희 옮김, 살림, 2006 참조.

24. 사이토 히토리, 『1퍼센트 부자의 법칙』, 이정환 옮김, 한국경제신문, 2004, 62쪽.

25. 히스이 고타로, 『3초 만에 행복해지는 명언 테라피』, 서인행 옮김, 나무한그루, 2006, 52~54쪽.

26. 바버라 셔, 『최고의 삶을 살아라』, 김정민 옮김, 21세기북스, 2009, 181~211쪽.

27. 다카이치 아라타, 『가슴이 뛰는 상상을 즐겨라』, 은영미 역, 나라원, 2007, 35쪽.

28. M. 스콧 펙, 『길을 묻는 그대에게』, 최은경 옮김, 한국학술정보, 2005, 89~92쪽.

29. 앤서니 라빈스, 『네 안에 잠든 거인을 깨워라』, 조진형 옮김, 씨앗을뿌리는사람, 2008, 107쪽.

30. 해리 벡위드, 『언씽킹』, 이민주 옮김, 토네이도, 2011, 299~300쪽.

31. 강길전·이기환·홍달수, 『대체의학의 이론과 실제』, 가본의학, 2008, 44쪽.

32. 강길전 박사의 양자의학 홈페이지(http://www.dr4mind.net) 참조.

33. 이송미, 『몸과 마음을 살리는 기적의 상상치유』, 한언출판사, 2010, 42~43
쪽.

34. 래리 도시, 『치료하는 기도』, 차혜경·장준원 옮김, 바람, 2008.

35. 강길전 박사의 양자의학 홈페이지 참조.

36. 디팩 초프라 외, 『마음을 과학한다』, 변경옥 옮김, 나무심는사람, 2004,
294~295쪽.

37. 이송미, 『몸과 마음을 살리는 기적의 상상치유』, 한언출판사, 2010, 41쪽.

38. 오마타 간타, 『일본 최고 부자가 공개하는 돈 버는 기술』, 이명숙 옮김, 신
원문화사, 2003, 162~163쪽.

39. 히스이 고타로, 『3초 만에 행복해지는 명언 테라피』, 서인행 옮김, 나무한
그루, 2006, 90쪽.

40. 사토 도미오, 『당신의 꿈을 이루어주는 미래일기』, 안소현 옮김, 청아,
2004, 108쪽.

41. 미리암 그린스팬, 『감정 공부』, 이종복 옮김, 뜰, 2008, 27쪽, 66~67쪽.

42. 유진 T. 젠들린, 『내 마음 내가 안다』, 손혜숙 옮김, 아름드리미디어, 2001
참조.

43. 히스이 고타로, 『3초 만에 행복해지는 명언 테라피』 서인행 옮김, 나무한
그루, 2006, 116~118쪽.

44. 마셜 로젠버그, 「인간관계와 의사소통을 위한 비폭력 대화 NVC1 워크북」,
캐서린 한 엮음, 한국NVC센터, 2009, 12쪽.

45. 디팩 초프라, 『풍요로운 삶을 위한 일곱 가지 지혜』, 박윤정 옮김, 더난,
2003 참조.

46. 새미 몰효, 『성공의 보디랭귀지』, 송소민 옮김, 사람과책, 2007, 167쪽.

47. 사이토 히토리, 『1퍼센트 부자의 법칙』, 이정환 옮김, 한국경제신문, 2004,
23~24쪽.

48. 오마타 간타, 『부자 멘토와 꼬마 제자』, 최수진 옮김, 다산북스, 2008,
181쪽 참조.

49. 사이토 히토리, 『1퍼센트 부자의 법칙』, 이정환 옮김, 한국경제신문, 2004,

67쪽.

50. 사이토 히토리, 같은 책, 86쪽.

51. 티모시 걸웨이, 『테니스 이너게임』, 조윤경 옮김, 푸른물고기, 2010 참조.

52. 조우석·김현정, 『꿈을 이루는 6일간의 수업』, 한언출판사, 2008, 57쪽.

53. 아브라함 요수아 헤셸, 『안식』, 김순현 옮김, 복있는사람, 2007 참조.

54. 리처드 라이트, 『하버드 수재 1600명의 공부법』, 편집부 옮김, 월간조선, 2002.

55. 디어더 배럿, 『꿈은 알고 있다』, 이덕남 옮김, 나무와숲, 2003, 152쪽.

56. 웨인 멀러, 『휴』, 박윤정 옮김, 도솔, 2002, 254쪽.

57. 로라 데이, 『성공을 부르는 직관의 테크닉』, 이균형 옮김, 정신세계사, 1997, 73~74쪽 참조.

58. 빌 게이츠, 『빌 게이츠 & 워런 버핏 성공을 말하다』, 김광수 옮김, 월북, 2005, 86쪽.

59. 히스이 고타로, 『3초 만에 행복해지는 명언 테라피』, 서인행 옮김, 나무한그루, 2006, 199~204쪽.

60. 기무라 아키노리, 『사과가 가르쳐준 것』, 최성현 옮김, 김영사, 2010, 93쪽.

61. 히스이 고타로, 『3초 만에 행복해지는 명언 테라피』, 서인행 옮김, 나무한그루, 2006, 24~26쪽.

62. 널르 C. 넬슨·지니 르메어 칼라바, 『소망을 이루어주는 감사의 힘』, 이상춘 옮김, 한문화, 2012, 34~35쪽.

63. 널르 C. 넬슨·지니 르메어 칼라바, 같은 책, 24~25쪽.

64. 프레드 러스킨, 『용서』, 장현숙 옮김, 랜덤하우스코리아, 2003, 263~279쪽 참조.

65. 빌 게이츠, 『빌 게이츠 & 워런 버핏 성공을 말하다』, 김광수 옮김, 월북, 2005, 66~67쪽.

66. 코너 오클리어리, 『아름다운 부자 척 피니』, 이순영 옮김, 물푸레, 2008, 참조.

67. 메리 제인 라이언, 『줌』, 정선희 옮김, 다우, 2003, 147쪽.

68. 메리 제인 라이언, 같은 책, 36쪽.

69. 더그 로선, 『나눔이 주는 아주 특별한 선물』, 임금선 옮김, 아르케, 2004, 40쪽.

70. 더그 로선, 같은 책, 34쪽.

71. 더그 로선, 같은 책, 38쪽.

72. 니컬러스 크리스태키스·제임스 파울러, 『행복은 전염된다』, 이충호 옮김, 김영사, 2010, 52~54쪽 참조.

73. 다나 조하·이언 마셜, 『SQ』, 조혜정 옮김, 룩스북, 2001, 16쪽.

74. 사이토 히토리, 『운 좋은 놈이 성공한다』, 노은주 옮김, 나무한그루, 2004, 89~91쪽.

75. 사이토 히토리, 같은 책, 111~112쪽.

76. 엘리자베스 퀴블러 로스, 『사후생』, 최준식 옮김, 대화문화아카데미, 2009 참조.

행운사용법

ⓒ 김민기, 조우석 2013

1판 1쇄 2013년 4월 3일
1판 7쇄 2024년 7월 31일

지은이 김민기, 조우석

책임편집 박영신 | 디자인 김선미 이주영
마케팅 정민호 서지화 한민아 이민경 안남영 왕지경 정경주 김수인 김혜원 김하연 김예진
브랜딩 함유지 함근아 박민재 김희숙 이송이 박다솔 조다현 정승민 배진성
제작 강신은 김동욱 이순호 | 제작처 영신사

펴낸곳 (주)문학동네 | 펴낸이 김소영
출판등록 1993년 10월 22일 제2003-000045호
주소 10881 경기도 파주시 회동길 210
전자우편 editor@munhak.com | 대표전화 031)955-8888 | 팩스 031)955-8855
문의전화 031)955-3579(마케팅), 031)955-1905(편집)
문학동네카페 http://cafe.naver.com/mhdn
인스타그램 @munhakdongne | 트위터 @munhakdongne
북클럽문학동네 http://bookclubmunhak.com

ISBN 978-89-546-2095-6 03320

www.munhak.com